高等教育视域下高校人力资源管理研究

尤晓静 ◎ 著

吉林出版集团股份有限公司

全国百佳图书出版单位

图书在版编目（CIP）数据

高等教育视域下高校人力资源管理研究 / 尤晓静著

. -- 长春 : 吉林出版集团股份有限公司, 2022.10

ISBN 978-7-5731-2562-0

Ⅰ. ①高… Ⅱ. ①尤… Ⅲ. ①高等学校—人力资源管理—研究—中国 Ⅳ. ①G647.23

中国国家版本馆CIP数据核字(2023)第001932号

高等教育视域下高校人力资源管理研究

GAODENG JIAOYU SHIYU XIA GAOXIAO RENLI ZIYUAN GUANLI YANJIU

著　　者　尤晓静
出 版 人　吴　强
责任编辑　刘东禹
助理编辑　李　响
装帧设计　北京万瑞铭图文化传媒有限公司
开　　本　787mm×1092mm　1/16
印　　张　13.25
字　　数　224千字
版　　次　2022年10月第1版
印　　次　2023年8月第1次印刷

出　　版　吉林出版集团股份有限公司
发　　行　吉林音像出版社有限责任公司
　　　　　（吉林省长春市南关区福祉大路5788号）
电　　话　0431-81629667
印　　刷　吉林省信诚印刷有限公司

ISBN 978-7-5731-2562-0　　定　　价　68.00元

如发现印装质量问题，影响阅读，请与出版社联系调换。

前　言

当前，在知识经济时代，人们对高校的良好发展给予了较大的关注。而高校作为培养社会人才的地方，其自身的人力资源管理显得尤为重要。高校只有具备科学的人力资源管理方式，才能为人才培养创造良好的人力资源基础。科学技术的飞快发展，高校的人力资源管理工作要不断地进行创新，才能满足时代的进步和高校快速发展的要求。高校人力资源管理的科学发展包含了多个内容，其管理方式应蕴含科学管理原理和人本思想：把握本校人力资源发展的动态性；不断优化人力资源结构；消除各种阻碍人力资源科学发展的不利因素。在科学发展和创新发展中，使人力资源管理成为高校发展的有力保障。

高等学校作为培养高素质创造性人才的摇篮与知识创新的重要基地，在国家的社会经济和文化建设中具有举足轻重的地位。它既是人才的培养者，也是人才的使用者，同时还肩负着培养各级各类人才、全面提高劳动者素质的历史使命。因此高校拥有人才密集的优势，但这还只是一个量的优势，要真正发挥质的优势，就要回归到对高校人力资源进行现代化的开发与管理上。因此，完善高校人力资源配置机制、建构人力资源配置体系、改革高校师资管理模式和创新高校人事制度等，对于优化高校教师人力资源配置，提高高校教师人力资源配置效率，发展我国高等教育事业具有重要意义。

目　录

第一章 高校人力资源管理概述

第一节 人力资源管理概念

一、人力资源管理研究综述

21 世纪社会经济的发展主要依靠知识，知识的创造者与知识的载体——人，将取代企业所拥有的其他资源（如土地、原材料、房屋、机器等）成为最重要的战略性资源。同时，技术革命和经济全球化迅速改变着企业的经营环境，企业的人力资源管理面临着环境等各种不确定性的挑战，因此与之相适应，传统的人力资源管理研究也需要为迎接新的挑战做出调整。本书正是基于这一点，对人力资源管理研究的现状进行了分析，并对人力资源管理研究的未来趋势进行了讨论。

现代人力资源管理理论汲取了各种相关理论的研究成果，从政治学中引申出了资源依赖理论，从经济学中引申出了工作成本理论，从企业战略中引申出了人力资源战略理论，从社会学中引申出了制度化理论，从心理学中引申出了行为理论，人力资源管理理论得到了前所未有的发展。

（一）人力资源管理研究的分类

人力资源管理研究可划分为微观和宏观两个研究分支。

宏观人力资源管理研究是在组织层次上进行的，关注的是人力资源管理实践对组织绩效的影响。微观人力资源管理研究是功能导向型的，在个体层次上进行，主要研究的是人力资源管理实践对个体的影响。

划分人力资源管理研究的另外一个维度是人力资源管理实践的数量（单一 / 复合）。无论是在组织层次上还是个体层次上进行人力资源管理研究都可以根据人力资源管理实践的数量做进一步的细分。

（二）当前人力资源管理研究的三个重要领域

1. 战略人力资源管理

在 20 世纪的最后十年中，人力资源管理的一个最重要变化是把人力资源称为组织的战略贡献者，人力资源管理正在逐步向战略人力资源管理过渡。而对于人力资源"战略"，一些学者认为战略人力资源管理的本质是一种"关系"，即人力资源管理实践和系统与组织绩效之间的关系；还有一些学者认为战略人力资源管理的本质是一种"适应性"，主要包括内部适应性（水平适应性）和外部适应性（垂直适应性），即人力资源管理实践和系统与组织竞争战略之间的适应性。战略人力资源管理实践包括七方面的内容：内部职业机会、正规培训体系、业绩测评、利润分享、就业安全、员工意见投诉机制和工作设计。

在对战略人力资源管理进行研究的方法中，有三种较为普遍的战略人力资源管理研究方法。第一种方法是把战略人力资源管理对组织绩效的贡献联系起来加以考虑，关注人力资源管理对组织绩效的影响；第二种方法是在组织的竞争环境中考虑人力资源战略选择以及这些战略选择对组织人力资源管理子系统的影响；第三种方法是确定组织战略和人力资源管理实践和政策之间的"适应"程度，从而考虑这些适应性对组织绩效的影响。

2. 国际人力资源管理

经济全球化和管理国际化也同样使众多管理学者将研究方向从国内和地区的人力资源管理研究转向国际人力资源管理研究。近十几年来，国际人力资源管理理论和实践的研究有了很大的发展，在这些研究和实践中，国际人力资源管理研究人员一直在集中与分散两种管理模式之间存在争论。持集中管理模式的学者认为，国际人力资源管理的关键是将在美国开发并得到成功应用的观念推广应用到国际范围。持分散管理模式的学者认为，国际人力资源管理应该根据不同文化开发不同的管理方法。在国际人力资源管理中必须考虑和国内人力资源管理不尽相同的方面。总体来说，国内人力资源管理研究与国际人力资源管理研究的差异体现在：①国际人力资源管理研究应包括若干独特的维度，需要关注不同文化观念和社会价值观的相互影响，关注一种文化向另一种文化转化时管理方法的适用性、法律和经济的差别以及由于社会文化差别而引起的不同学习风格。②跨国管理运作的复杂性和雇用不同国籍员工的必要性，是国内人力资源管理与国际人力资源管理之间的主要差别。

国际人力资源管理理论和实践研究主要集中在四个领域：①外派员工、内派员工以及他们的职业生涯设计问题；②国际人力资源管理的职能问题；③国际人力资源管理流程的统一模式开发问题；④跨文化管理问题。

3. 人力资源管理效益评估

不管是人力资源管理的收益还是为此的支出，都难以得到准确的计算值，这说明运用简单的比值法去评估组织人力资源管理效益的做法并不现实可行，还需要研究以及开发适用能够反映企业人力资源管理绩效的其他测评方法。

二、人力资源现代管理

人力资源是一切资源中最主要的资源，在经济增长中，人力资本的作用大于物质资本的作用。人力资本的核心是提高人口质量，教育投资是人力投资的主要部分。不应把人力资本的再生产仅仅视为一种消费，而应视为一种投资，并且这种投资的经济效益远大于物质投资的经济效益。教育是提高人力资本最基本的手段，所以也可以把人力投资视为教育投资问题。在医疗保健、人事迁移等方面的投资也是人力资本投资的有效途径。

对人力资源的传统认识，注意到以往的管理者只注重对已有人力资源的使用，所以强调应在人力资本上进行投资，并特别指出了这种在人身上的投资远比在其他资源上的投资会得到更多的价值和回报，也会导致其他物力资本生产效率的改善。自此以后，世界各国纷纷加大了在教育方面的投资，从整体上提高了国民素质。

第二节 高校人力资源管理的内涵与特征

人力资源不仅是社会发展的关键，也是高等学校发展的核心。我们研究高校人力资源管理，其目的就是要将各类人力资源整合到各项活动中，开发其潜能，转化为资本，实现高校发展目标。研究高校人力资源管理，可使各项工作形成有机整体，充分调动人的积极性、创造性，使各项工作职能得到充分体现，推动高校内部的深层改革，全面提高办学效益。

在当今社会，将人视为资源的观念已逐渐深入人心，研究和探讨人力资源管理，可以促进高校实现可持续发展，全面实施人才强校战略。

一、人力资源的概念及特征

人力资源已是一个为人们所耳熟能详的词汇，但对"人力资源"范畴的认识，素来有多种观点。在此，我们对人力资源的内涵与外延进行一些分析，以便能准确地把握这一概念。

（一）人力资源的定义

学术界对"人力资源"的定义做出过多种界定。①人力资源是指一个国家或地区拥有的具有劳动能力的人口的总和。②人力资源是指能够推动整个经济和社会发展的劳动者的能力。即处在劳动年龄的已直接投入建设或尚未投入建设的人口的能力。③人力资源是指劳动力资源或称人手。它是由全部人口中有劳动能力的那一部分人口构成的。④人力资源是指一切具有为社会创造物质文化财富、为社会提供劳务和服务的人。⑤人力资源是指具有智力劳动或体力劳动能力的人们的总称。⑥人力资源是指包含在人体内的一种能力，若这种能力未发挥出来，它就是潜在的劳动生产力；若开发出来，它就变成了现实的劳动生产力。

尽管上述定义的具体表述各不相同，但是，它们蕴含着重要的共同点——"人"和"劳动能力"，而这恰恰是人力资源最为本质的要素。首先，人力资源只能来自人，它不可能从任何其他物质中孕育出来。其次，任何人都不能仅仅因为是"人"而无条件地成为人力资源。最后，"人"和"劳动能力"缺一不可，只有两者同时具备，方能成为"人力资源"。据此，我们将人力资源定义为：包含在人体内的一种生产能力，是表现在劳动者身上的，以劳动者的数量和质量表示的资源。从更广义的角度上看，只要作为生产要素正在使用或尚未开发的劳动人口，都可以视为人力资源。人力资源可分为正在使用的人力资源和尚未开发的人力资源两部分。正在使用的人力资源是指在组织内实际从事各种经济社会活动的人；尚未开发的人力资源是指未参加各种经济社会活动的人。

（二）人力资源的特征

人力资源作为一种特殊资源，具有下列特征。

1.时代性

任何人都是在一定的环境背景下成长的，必然打上时代的烙印。一个时代的社会状况，都会影响和制约在这个时代中发展起来的人，使其具有特定的价值观念、道德观念和认知方式等。所以，在对人的管理中，要把人放到其成长的大背景中去考虑。这样，才能在人力资源开发的过程中，确立目标和方向。

2.能动性

人在生产力要素中是最积极、最活跃的要素，人具有主观能动性，能主动地、有目的地、有意识地认识世界和改造世界。人力资源具有引导、操纵、控制其他资源的功能。人力资源的能动性可以推动社会发展。对人的能动性调动的好坏，直接决定着人力资源开发的程度和水平。因此，激发和维护人的积极性、主动性和创造性，始终是人力资源管理的精髓。

3.时效性

每个人的一生都要经历一些特定的生理和心理发展阶段，每个发展阶段都有其成长的特性。人的儿童和少年时期，人力资源尚处于储备阶段。人的青壮年时期生理与心理都比较成熟，体力充沛，同时，随着工作经验的积累和个人素质的培养，各方面的工作也进入最佳状态。在这个时期，组织要开发和利用好人力资源，使人的贡献最大化。如果组织对人力资源储之不用，或没有充分地对其开发使用，按照素质衰退理论，一方面，可能导致人的才能逐渐退化，甚至消失；另一方面，过了最佳的生理、心理时期，人的综合素质能力就开始从顶峰下降，这就是人力资源使用的时效性。

4.再生性

与物质资源的一次性开发不同，人力资源在成长和使用的过程中，可以对其不断地进行开发。基于人口的再生产和劳动力的再生产，通过人口总体内个体的不断更替和劳动力的再生产过程，人力资源可以不断地再生产出来，世世代代延续下去。人的体能消耗到一定程度，经过休息可以再生。人的知识陈旧，也可以通过学习加以更新。因此，组织可以通过各种渠道和方式，促使人力资源的能力在使用中被不断地开发出来，而且当人力资源经过每一次新的开发后，其各种能力能够不断积累起来，以往开发出来的能力，会在新的开发中发挥作用。这又被称为人力资源的"蓄电池"理论。

5. 高增值性

人力资源的高增值性体现为：对人力资本的投入，能够获得高附加值的回报，人力资源投资收益率在明显地上升，同时，劳动者自己可支配的收入也在上升。人力资源收益的份额正在迅速超过其他资源，人力资源的经济价值呈不断上升的趋势。

二、人力资源管理的含义与特征

（一）人力资源管理的含义

人力资源管理是现代组织的一项基本管理职能，它是以提高劳动生产率和工作生活质量为目的，对组织内人力资源进行预测、规划、考录招聘、培训、绩效考评、薪酬福利发放等各种管理活动的总和。

（二）人力资源管理的特征

随着社会的变迁，当前人力资源管理呈现出以下几个特征。

1. 在管理理念上

人力资源为一切资源中最宝贵的资源，经过开发的人力资源可以增值，能给组织带来巨大的效益。人力资源管理部门则逐步变为组织的效益部门，讲究投入和产出，通过建立良好的用人机制，以及对人力资源的再投资，达到人力资源的合理配置，并不断优化，为组织创造价值。追求的效益包括人才效益、经济效益和社会效益的统一，还包括短期效益和长期效益的结合。

2. 在管理内容上

现代人力资源管理以人为中心，将人作为一种重要资源加以开发、利用和管理，重点是开发人的潜能、激发人的活力，使员工能积极主动和有创造性地开展工作。

3. 在管理形式上

现代人力资源管理属于动态管理，强调整体开发。也就是说，对员工不仅安排工作，还要根据组织目标和个人状况，为其做好职业生涯设计，不断培训，不断进行横向及纵向的岗位或职位调整，充分发挥个人才能，量才使用，人尽其才。

4. 在管理方式上

现代人力资源管理采取人性化管理，考虑人的情感、自尊与价值，以人为本，多激励、少惩罚，多表扬、少批评，多授权、少命令，发挥每个人的特长，体现每个人的价值。

5. 在管理策略上

现代人力资源管理，不仅注重对近期或当前具体事宜的解决，还注重对人力资源的整体开发、预测与规划。根据组织的长远目标，制定人力资源的开发战略措施，属于战术性与战略性相结合的管理。

6. 在管理技术上

现代人力资源管理追求科学性和艺术性的结合，不断采用新的技术和方法，完善考核系统、测评系统等。

7. 在管理体制上

现代人力资源管理多为主动开发型，根据组织的现状、未来，有计划、有目标地开展工作。例如，制订人力资源规划，实施人才引进培养，决定薪资报酬等，工作的主动性较大。

8. 在管理手段上

现代人力资源管理的软件系统、信息检索、报表制作、核算、测评、招聘等，均由计算机自动生成结果，及时准确地提供决策依据。

9. 在管理层次上

现代人力资源管理部门处于决策层，直接参与组织的计划和决策，是组织的最重要的高层决策部门之一。

第三节 高校人力资源管理的相关理论基础

一、人力资源管理的理论基础

人们对人力资源管理水平的要求越来越高。随着多学科的整合与应用，人力资源管理也逐步发展成为综合性、边缘性的应用学科，它与许多学科发生密切联系。为了更好地把握人力资源管理的产生与发展规律，服务于现代人力资源管理，有必要梳理人力资源理论的产生基础。人力资源管理涉及社会学、法学、人类学、人才学、行为科学、领导科学、伦理学、统计学等相关知识。

在此，主要介绍人力资源管理最直接的理论基础。

（一）激励理论

激励理论是管理心理学家从心理学的角度，对人类行为的基本模式加以分析后提出的理论思想。激励，是指通过某种手段，去激发人的动机，或通过一定的方法，使人处于一定刺激的影响下，从而保持一种兴奋状态过程。

（二）双因素理论

双因素理论全称是"激励、保健因素理论"，激发人的动机的因素有两类：一类是保健因素；另一类是激励因素。保健因素又名维持因素，是指造成职工不满的因素，它们的改善可以解除职工的不满，但并不能激发职工的积极性。激励因素是使职工感到满意的因素，这个因素的改善可以给职工以较高的激励，调动积极性，提高劳动生产效率。通过有效的激励，能够持久地调动员工的工作积极性，从而产生高绩效的行为。

（三）期望理论

期望理论又称"效价—手段—期望理论"，期望，是一个人根据过往的能力和经验，在一定时期中希望达到某种目标和满足某种需要的愿望，它实际上是一种心理活动。弗洛姆认为，人总是渴求满足一定的需要并设法达到一定的目标。这个目标在尚未实现时，表现为一种期望，这时，目标反过来对个人的动机又是一种激发的力量，而这个激发力量的大小，取决于目标价值（效价）和期望概率（期望值）的乘积。

（四）公平理论

公平理论又称社会比较理论，主要探讨奖酬分配的公平性对工作人员积极性的影响。该理论认为，工作人员的工作积极性会受到绝对报酬和相对报酬的双重影响。每个工作人员都会不自觉地把自己的劳动付出和所得的报酬同社会其他与自己水平大体相当的人进行比较，同时，也会将自己现在的劳动付出和所获得的报酬与自己过去的劳动付出和所获得的报酬相比较，并对公平与否做出判断。通过比较，如果认为适当，就会产生一种公平感，产生积极的心理效应。反之，产生不公平感，从而产生消极的心理效应。所以，从某种意义上来讲，动机的激发过程，实际上是人与人进行比较，做出公平与否的判断，并据以指导行为的过程。

二、现代人力资源管理的发展趋势

（一）人力资源管理将成为识别组织实力和优劣的重要指标

人力资源管理的效能，将成为识别组织实力和发展潜力的重要指标。这种趋势在当前已经开始初露端倪。

（二）组织的战略规划与人力资源规划的结合将更趋紧密

越来越多的组织已经认识到，如果一个组织要想获得或保持竞争优势，唯有将长期性的人力资源规划与组织的战略规划紧密结合，使传统的人事管理走向现代的策略性人力资源管理，使人事管理从后台走向前台，从被动走向主动。只有这样，才能使企业或组织立于不败之地，维持组织的人力资源竞争优势。

（三）"以人为本"的业绩导向型的流程管理方式将成为主流

该流程的首要要素是开创一种积极的协调关系，然后它要求人力资源管理人员对员工进行培训、职业辅导、业绩评价，并培养员工的自尊，充分释放员工的潜能。最后，该流程建立各种奖励策略，以激励员工增加其责任感并取得成果，建立一种以结果为导向的工作方式。

（四）人力资源管理手段趋于柔性化

组织将摒弃单一的刚性管理手段，为员工持续提供客户化的人力资源产品和服务，关注员工的职业生涯发展。营造组织与员工共同成长的组织氛围。针对知识型员工日益增多的情况，突破传统的工时制度，采取弹性工作时间和工作分享等措施，允许员工自行调整工作时间，以此吸引人才和激发员工的工作热情。同时，对工作进行重新设计，重视发挥工作本身的激励性。

（五）愈加重视人力资源的跨文化管理

伴随着经济全球化的脚步，人力资源的获取将打破地域局限，"不求为我所有，但求为我所用"的管理理念，将使组织的人员构成复杂化。来自不同国度、受过不同文化教育、拥有不同生活经历的人，将在同一个组织中效力。人力资源的异质性程度越来越高，将使组织在价值观引领和多文化共存方面担负更繁重的工作。

（六）人力资源管理人员趋于通才化

生产流程的重新设计、组织结构的重新调整、管理与评估系统的重新建立、组织价值观的重新树立，等等。组织的这些活动不仅与职能部门管理人员有关，而且和人力资源管理也息息相关，人力资源活动和组织的各项业务呈现出一体化的趋势。为此，人力资源管理人员除了掌握人力资源管理的专业知识以外，还必须了解组织的财务、经营管理、核心技术等基本知识。这样，才能有效地对组织的人力资源进行管理，提高组织智力资本的收益。

第四节 人力资源管理的意义、目标和任务

一、人力资源管理的意义

（一）学校人力资源管理是深化改革的必然要求

科学合理设置岗位，在选拔中引入竞争机制，建立公开招聘制度。建立形式多样、自主灵活的分配激励机制，创造尊重知识，尊重人才，有利于优秀人才脱颖而出、健康成长的社会环境，实现人才资源的整体开发与合理配置。

（二）学校人力资源管理是促进学校持续健康发展的迫切需要

加强教师队伍建设，必须改革学校人事管理制度。经过长期的努力，从总量上看，教师队伍已基本适应教育事业发展的需求。但是，就整体素质和质量水平而言，还不能适应实施素质教育及教育现代化的要求。教师的教育观念、知识结构、教学方法、教学能力亟待提高，教师队伍的结构性矛盾比较突出。公开、平等、竞争、择优和合理流动的用人机制尚未建立。这些因素都制约着教育自身的健康发展，限制了教育发展的后劲。

（三）学校人力资源管理是提高学校办学水平的关键所在

学校的办学水平受制于多种因素，比如，师资力量办学经费、教育设施、生源基础、社区环境等。但是，其中最为关键的因素是师资力量。高绩效的办学水平总是和高质量的师资队伍紧密相连，尤其是在学校之间竞争日益加剧的时代背景下，要走"以质量求生存、靠特色求发展"的办学兴校之路，必须仰仗一支高素质的教师队伍。

然而，高素质的教师队伍不会自发形成，需要管理者有敏锐的眼光，善于发现教师身上蕴含的潜力；需要管理者有聪明的头脑，懂得人才的合理结构，使教师队伍得到优化配置；需要管理者有长远的考虑，为教师提供学习与提高的机会，使教师能够可持续地发展；需要管理者有公平的思想意识，

客观地评判教师的工作表现和实际业绩；需要管理者有不凡的勇气，构建"人员能进能出，职务能上能下，待遇能高能低"的竞争激励机制。总之，有效的学校人力资源管理能够为教师提供一方成长的沃土，使学校办学水平的提高具有坚实的基础。

二、学校人力资源管理的目标与原则

目标与原则是整个学校人力资源管理体系的"灵魂"。它明确了学校人力资源管理的指导思想，对具体的管理活动具有导向与规范的作用。

（一）学校人力资源管理的目标

人力资源管理就是通过一系列管理手段，最终达到组织发展目标的一种行为。人力资源管理目标是共性的，就学校而言，人力资源管理的目标主要包括以下几个方面。

第一，建立良性的人才储备和人才流动机制。丰厚的人才储备和优秀的人才引进，可以为学校的发展提供人力支持。学校的各项工作都要依赖教职员工去实施、去完成。因此，学校人力资源管理的首要目标是通过招聘、培训、考评等活动，寻找合适的工作人员。进行科学的人员配置，激发员工的工作热情，实现人事匹配，从而为学校的发展提供强有力的人力支持。

第二，建立新型的人事运作机制。在市场经济的大背景下，人事管理机制必须进行改革。学校人力资源管理必须探索以聘用制为基础的能进能出的用人制度，建立客观、公正、全面、透明的评价制度，推行形式多样、自主灵活的分配机制，力求形成进出通畅、有序竞争、严格监管、有效激励、充满活力的人事运作格局，用科学的机制保证学校能够发现人才、留住人才、用好人才。

第三，实现人力资本的增值。教职工是学校最为宝贵的财富，人力资本是反映学校竞争力的重要指标。人力资本不是一个固定不变的常量，随着知识和技能的老化，工作激情的衰退，人力资本也会不断贬值。为此，学校管理者要通过管理，能以最少的时间、资金和劳动投入，来达到预期的目的。学校应当为教职工创设学习和提高的机会，给他们不断注入工作的动力，从而使人力资本得到保值乃至增值，使个人和学校均能从中受益。

第四，提高教职工的工作生活质量。学校人力资源管理并不仅仅服务于学校的组织需求，而且也要服务于生活在学校中的每一名教职工。学校要

将教师作为发展对象，而不是发展的工具。教职工每天有相当长的一段时间在学校里工作与生活，他们能否心情舒畅地开展工作，他们对工作环境的满意度如何，他们是否享受到了工作带来的乐趣等，这些都是学校人力资源管理所要关注的问题。提高教职工工作生活质量是管理者的责任。

（二）学校人力资源管理的原则

1. 科学化原则

传统的学校人事管理是建立在经验基础之上的，各种管理制度与措施的出台，主要是凭经验、靠感觉，始终徘徊在较低的管理水平上。学校人力资源管理充分吸收了心理学、组织行为学、系统工程、控制论等科学成果，对教职工的特点、群体的互动关系、团队形成的规律等，有了更深刻的认识，管理者应当自觉地遵循科学原理、运用科学方法，提高人力资源管理的科学化水平。

2. 系统性原则

学校人力资源管理要树立整体观念，系统思考，不能孤立地强调某一个体或某一部分人的作用，应努力形成一个协力系统，发挥教师队伍的整体效应。管理者要注意把握动态平衡，通过必要的流动机制，提高师资队伍的素质。在处理人力资源管理的各个环节时，应统筹安排，做好人力资源从吸纳、使用到培训、发展的有序衔接，保持各项政策、措施在价值取向上的一致性。

3. 教育性原则

教育性原则包含两层意思：①教育，是学校人力资源管理的一项重要内容。国家教育政策的调整、课程结构的变革、现代教育技术的发展，都迫使作为教育者的教师本身必须接受教育，使自己的观念、知识和技能得到更新。②教育，是学校人力资源管理的一种重要方法。教职工具有较高的文化素养，有着强烈的参与管理和民主议事的愿望，比较注重精神层面的需求。因此，在管理中不能一味地采用行政命令和经济刺激的办法，而要更多地运用引导、说服等教育方法。

4. 人性化原则

这是学校人力资源管理最重要的原则，遵循这一原则，就是要做到尊重人的差异，激发人的潜能，实现人的价值。每一名教职工都是一个独特的个体，他们在个性特征、能力倾向等方面各不相同。管理者必须承认、理解、尊重和利用好这一特点，善于发现教职工身上的长处，把握每个人的需要，创造条件挖掘其潜力，帮助教职工找到最合适的工作岗位，使他们的能力得到最大限度的发挥，生命焕发出光彩。

三、学校人力资源管理的内容与职能

内容与职能是学校人力资源管理系统的主体部分，它规定了学校人力资源管理的基本环节和任务。

（一）工作分析

学校是一个比较大的人力资源分布系统。在这个系统中，仅教育岗位就包括许多种，这些岗位有着不同的任务与职责，对人员有着不同的素质要求。工作分析就是要对学校的各个职务进行描述，明确职责、工作环境和任职资格。而工作分析所形成的文本——工作说明书，是学校选人用人的主要依据之一。

（二）人力资源规划

教职工的正常退休、非正常离职、生源变化等情况，会影响学校人力资源的数量；教育改革、技术进步等因素，又会影响学校对人力资源的质量要求。可见，学校的人力资源是处在波动状态的。人力资源规划就是要对学校未来一段时间内的人力资源的情况进行科学的预测，帮助管理者做出科学的政策安排，从而保证人力资源供求状况的动态平衡。

（三）人力资源获取

一个组织要想得到生存和发展，必须适时地拥有适当数量、种类和质量的人员，这就需要按照学校发展规划，招聘、选拔所需人员。学校管理者通过内部告示、报纸广告、网络等渠道，发布职位空缺的信息，吸引校内外人员前来应征。校方可以采用面试、实际操作、心理测试等方式，对应征者进行甄选，从中挑选出合适的人员。对于选拔出来的人员，学校应及时发放录用通知书，与之签订有关合同，完成录用手续。

（四）学校人力资源使用

要使教职工安心在学校里工作，减少不正常的离职现象，并且提高学校人力资源的使用效率，就必须做好人员的合理安置和积极性的有效激发。

人力资源在使用中要做到人岗匹配。因为，每一名教职工都有自身的

特点，学校管理者要有一双识人的慧眼，善于发现每个人的长处，将他安排到相应的工作岗位上。让每一个岗位都有合适的人员，让每一位教职工都能获得合适的岗位。这样，才能使员工心情愉悦地工作，从而提高工作效率，达到管理的目的。

（五）学校人力资源发展

人力资源发展也就是人力资源开发。为了实现组织目标，发挥人的潜力，提高工作效率，就要加强对人力资源的开发。近年来，教师专业发展已经成为教育界的一大热点，而从学校人力资源管理的角度看，就是要抓好教职工的培训和职业生涯管理两大方面的工作。

培训主要是按照组织要求，对教师的知识、技术、品德等方面进行一系列教育和实践活动。为了提高培训的针对性、灵活性，近年来，校本培训逐步兴起。学校可以根据自身的特点和教师的实际情况，设计培训方案、实施培训活动，使培训更好地服务于教师个人的成长，更好地促进学校教育教学质量的改善。

职业生涯管理关注的是教职工职业生涯的全过程，强调帮助员工制订个人发展计划，使个人的发展与组织的发展相协调，满足个人成长的需要，实现组织的发展目标。在个人职业生涯的不同阶段，学校管理者要针对特定阶段的特点和需求，为教职工安排、调整乃至设计合适的工作，以期能够最大限度地发挥教职工个人的才能，使教职工幸福地度过自己的职业生涯。

（六）学校人力资源评价

评价包含的内容相当广泛，如素质测评、士气调查、绩效评价等。其中，最重要的是绩效评价。

学校管理者应当建立科学的绩效评价系统，采用科学的手段收集、分析、评判教职工的工作态度、行为和工作结果方面的信息，以确定其工作实绩，并将绩效评价结果反馈给教职工本人。通过科学合理的绩效评价，可以帮助教职工认清自己的优缺点，并针对教职工的实际需要，制订培训方案和职业生涯发展计划，改进其未来工作行为。同时，绩效评价结果也可以为学校制订报酬方案和奖惩制度，以及职称评定、职务升迁提供依据。

（七）学校人力资源调整

调整，包括人员调配系统、晋升系统，及各项有关法律和制度的调整等。

从调整的方向看，有人是向上调整，有人会往下调整；有人自里向外调整，有人由外往内调整。对于某些个体而言，调整是残酷的。但是，对于学校组织而言，调整又是必需的。通过调整，学校能够顺利地完成新老交替，可以实现人力资源的优化配置，有助于激发教职工积极性，并保持学校的活力。

应当注意的是，学校人力资源管理职能体系的各个部分是相互联系、相互影响的，从而构成一个有机的整体。系统中任何一部分的变化，都会引起其他部分的反应。例如，课程改革使教师的工作发生了重大的变化，这就迫使学校对自身用人政策做出必要的调整。在吸纳新员工时，必须考察其教育理念、课程开发能力、现代化技术手段运用水平，以便能够找到符合课改要求的师资。对于原有的教师，学校要加大培训力度，帮助他们改变传统的教学观念和行为。能够积极参与课改实验，并且取得一定成效的教师，校方要及时给予奖励，以形成有效的激励机制。少数长期无法适应课改要求的教师，出于对学生负责的态度，学校必须通过转岗、调出等途径做出调整。认识到职能体系的这种关联性，有助于学校管理者全面、系统地分析和处理人事问题，避免仅仅把目光局限在特定的问题上。

第五节　加强高校人力资源管理的重要性和紧迫性

一、高校人力资源管理面临的机遇与挑战

（一）机遇

1. 从经济社会发展的宏观背景看

大力发展教育和培训，培养和造就数以千万计的专门人才和大批拔尖创新人才，以及经济社会的全面、协调发展，都要求高等教育增强人才支撑和知识服务的能力。要加快建设一支学风优良、富有创新精神和国际竞争力的高校教师队伍。这是一个催人奋进的战略目标，为高校加强人力资源管理，加强师资队伍建设，培养造就高素质人才队伍，提供了良好的机遇。

2. 从人民对高等教育的需求来看

随着人民群众生活水平、消费结构和教育观念的变化，社会对教育的需求向着高层次、高质量和多样化的方向发展。人民对高质量的高等教育需求，对于加强高校人力资源管理，培养提高整体师资水平，既是严峻的挑战，

又是难得的发展机遇。在构建教师教育体系、完善教师终身学习体系、加快提高教师和管理队伍素质、深化人事分配制度改革、推进全员聘任制等方面，提出了明确的目标和要求，为高校加强人力资源管理提供了平台和方向。

（二）挑战

世界经济呈现出新的变化，知识经济初现端倪，人才成了竞争和合作的决定性因素，成为国际、企业间争夺的最重要的资源。在21世纪的今天，随着以信息技术为中心、高科技产业迅速发展的新经济时代的来临，谁拥有高素质人才，谁就会在世界竞争中取胜；谁忽视了人才，谁就会失去竞争力。

因此，吸引和培养优秀的人力资源，已成为国家竞争的焦点所在。人力资源越来越成为国际竞争格局中的关键性、战略性资源，教育水平的高低，越来越成为国家综合国力和国际竞争力的关键因素，世界各国都把教育摆到21世纪国家发展战略的优先位置，更加重视教育的发展。在这个背景下，教育——特别是高等教育的地位、作用和功能，将发生深刻的变化，高校人力资源管理面临着许多新的重大变化。

1. 从高等教育外部来看

高等学校所承担的历史任务和生存发展的外部环境，都发生了巨大的变化。人类步入信息化、全球化的知识社会，人力资源越来越成为最重要的战略资源，教育在综合国力竞争中越来越具有决定性作用。加强高校人力资源管理，改革发展教师教育，加强师资队伍建设，提升高等教育实力，日益成为各国高等教育竞争的首选战略。培养数以亿计的高素质劳动者、数以千万计的专门人才和一大批拔尖创新人才，满足人民群众对于优质教育日益增长的需求，构建学习型社会，高等教育责无旁贷，任务艰巨。面对高等教育国际化、办让人民满意的高等教育的新形势和新任务，高校人力资源的作用显得更加突出，进一步加强高校人力资源管理，显得更加重要、更加紧迫。

2. 从高等教育内部来看

人力资源是高校第一资源，也是核心资源，高校之间的竞争主要表现为人才的竞争，高校的发展取决于其人力资源的素质和活力。如何适应高等教育国际化和市场经济条件下高等教育大众化的特点，吸引和留住高水平的人才，激活现有人才的聪明才智，调动他们的积极性，充分发挥高校人力资源在提高学校核心竞争力、提高人才培养质量、提高教学科研水平、增强综合办学实力中的重要作用，是高校人力资源管理面临的重大挑战。为在激烈的竞争中立于不败之地，我国多数高校已经相继开始新一轮的内部管理改革。在这一改革中，人力资源管理改革是其中的关键。因而，新一轮的人才流动正在全国高校内外展开。为激活现有人才，吸引高层次合适的人才，各高校纷纷出台一系列人力资源综合改革方案。主要表现在：打破大学教师的铁饭碗，实行聘任制；内部晋升与外部公开招聘相结合，择优聘任；实行学科淘汰制，对各学科在一定范围内进行综合排名，对不具有竞争力的学科实行整体淘汰制（即解散学科）。

3.从高等教育自身发展来看

高等学校在人才培养、科学研究和为社会服务等方面，发挥着越来越重要的作用，高等学校与社会经济的结合越来越紧密，传播文化和国际交流的任务越来越繁重，高等学校水平高低，正在成为一个国家综合国力和文明程度的重要体现。决定高等学校水平高低的，主要是学校的教师，也就是这个学校所拥有的精英人才。建国际一流大学，关键和重点是一流的师资，也就是一流的精英人才。事实上，当前国际竞争空前激烈的主要焦点就是人才，也就是精英人才资源的争夺和竞争。可以说，有了某一方面的精英人才，就拥有了该方面的核心技术基础、技术创新能力和战略竞争力。

二、加强高校人力资源管理的重要性与紧迫性

学校的社会地位和运行环境发生了深刻的变化，高校不再是一般意义上的教学科研单位，它已成为社会生产力和生产关系的重要因素，以及国家创新体系的主力军，处于经济社会发展的基础地位，肩负着培养数以千万计专门人才和一大批拔尖创新人才的历史使命。而且高校面临的将是市场经济下的自由招生、自主管理与双向选择的社会体制，其管理特点将在于自主与创新，努力开拓自我生存与发展的空间。因此，高等学校人力资源的状况和使用效益如何，不仅关系到高校作为一个独立的法人实体的实力与发展潜力，也关系到高层次人才资源的培养与利用，关系到国家和社会的进步与发展。所以，不断加强高校人力资源管理，建立一支高素质的、有强大的竞争能力和创新能力的高校人力资源队伍，对于提高我国自主创新能力，建设创新型国家，具有重大而深远的战略意义。

（一）加强高校人力资源管理，是提高高校核心竞争力的战略选择

人力资源是经济发展的主要因素，也是高校发展的主要资源，是高校整体发展战略的一个重要组成部分，是提升高校核心竞争力的根本源泉，决定高校竞争力强弱的核心要素。尤其是在高等教育日益面向市场的条件下，高校之间的竞争愈来愈激烈。一所高校要提高核心竞争力，提高办学水平和综合实力，必须建设一支高层次的学术带头人队伍、高素质的教学科研骨干队伍、高质量的教学科研管理队伍和高效率的教学科研保障队伍。人力资源管理是一种基于学校整体发展战略的人事管理模式，它以研究制定和规划实施符合学校发展长远目标的人才战略为核心，以提高符合战略目标的团队和个人绩效为根本任务，以提升全校人才的整体性竞争力为最终目标的战略管理。只有大力加强人力资源管理，才能在激烈的高校人才竞争中引进、培养和造就一批在学科建设中起领军作用的学术带头人和学科骨干，提高学校师资的整体水平。同时，只有大力加强人力资源管理，才能合理地组织教职工进行教育教学和科研等活动，不断地协调教职工之间的关系，使高校人力资源与其他要素更好地有机结合，形成最优的配置，从而保证高校的教育教学和科研水平的不断提高，学校综合办学实力和核心竞争力不断增强。

（二）加强高校人力资源管理，是推进管理创新的现实需要

管理也是生产力，管理也是竞争力。人力资源管理是高校管理中最为关键的部分。一流的大学，必须大力推进管理创新，达到一流的管理水平。一个高校即使拥有一流的师资队伍，但是，在管理上存在大的问题，这支队伍也不可能很好地发挥人才优势，也很难持续保持这支队伍的稳定。因此，加强人力资源管理是推进学校管理创新的现实需要。只有不断创新人力资源管理机制、管理体制、管理制度、管理方法和手段，为教职工创造一个良好的工作环境，才能有效地激发师资队伍的整体活力，促使教职工始终保持旺盛的工作热情，努力学习技术和钻研业务，才能不断提升师资队伍整体水平。

（三）加强高校人力资源管理是提高办学效益的重要手段

管理出效益。只有科学地配置高校人力资源，注重人力资源的开发利用，才能充分挖掘教职工的潜力，减少教学科研人员在教育教学、科研能力方面的资源闲置，以及教学管理人员和后勤服务人员在管理与服务方面的资源闲置，才能有效地调动教职工的积极性，减少内耗，提高工作效率，从而降低

办学成本，提高办学效益。

（四）确立高校人力资源管理的战略地位

1.基本原则

（1）定位要高

高校人力资源管理的定位，必须与高等教育改革与发展的战略部署相适应。要把高校人才资源管理定位在人才集聚中心这样一个高度，围绕这一定位做好人才的管理、开发和利用。

（2）突出主体

高校人力资源管理，必须突出重点，主要应围绕开发利用好教学科研主体性资源进行。原则上说，作为一个人才资源高地，高校必须有开发和集散各种类别、各种层次人才资源的能力，这也是高校人力资源开发与管理的最终目标。但是，就其构建的重点来看，高校人才资源的管理，首先必须是突出教学科研人才资源的主体性地位。这就要求在高校人力资源开发与管理的战略和政策设计方面，必须突出主体，突破人力资源管理与开发上的重点，从而最终起到以点带面的效果。

（3）讲求实用

高校人力资源管理必须实事求是，讲求实用性，即经过努力可以达到。这既包括在总体目标设计上要具有现实性，也包括各具体目标，比如，人事分配制度改革，人才引进、稳定、利用，人才培训，能力建设，结构调整，优化配置等，设计上要具有很强的实用性和可操作性。

2.创新理念

（1）树立"人才资源是第一资源"的理念

在知识经济形态中，高新技术产业迅速增长，技术密集、智力密集型产业的比重显著上升，人才资源已成为最重要的战略资源。人才的数量和质量，是经济增长和社会发展的关键因素。我们要不断深化对"人才资源是第一资源"的再认识，进一步解放思想、提高认识，以科学发展观为指导，确定人才资源开发的新理念、新思路，把培养、吸引、用好人才摆在重要战略地位。真正做到尊重人才、关心人才、爱护人才，以超常规的热情、超常规的努力、超常规的举措，切实加强高校高层次人才队伍建设。

（2）树立以人为本的理念

"以人为本"的管理理念是高校人力资源管理的根本。"以人为本"是指以人的生活条件来分析和解决与人相关的一切问题，其核心内容就是尊重人——尊重人的特性和人的本质，把人作为手段与目的的统一。现代人本管理是建立在把人看作是一个追求自我实现、能够自我管理的社会人的基本假设上的。正是由于人可以成为追求自我实现的人，因此，对人的管理就不是我们过去所理解的那样，仅仅是一般地关心人、调动人的积极性，而是开发人的潜在能力，以人的发展为本，并且将人的发展与组织的发展紧密捆绑在一起。

"以人为本"应该包含这样几层含义：一是要在各项工作中重视人的因素，正确认识人的价值，发挥人的主观能动作用。要着眼于人才资源的开发，致力于人才的合理利用，做到人力资源管理方法的科学化、民主化、法制化。要始终坚持尊重教师的意愿，了解教师的需求，激发教师的能动性和创造性，使教师的潜能和积极性得到最大程度的发挥。二是在所有资源中，人才是最重要的教育资源。也就是说，谁能聚集世界一流的大师，谁就能办成世界一流的大学。如今，教职工已不是原来意义上的学校的成本中心，而是高校办学活动的主体，是知识和价值创造中心，是创造知识财富的源泉。三是必须提高广大教师参与学校内部管理工作的积极性和自觉性，使学校的管理工作进一步规范化、科学化、民主化。不但要在学术上发挥专家、教授的积极作用，而且在管理上也要发挥专家、教授的积极作用，要把以前那种以行政管理为主线的管理方式转到"以人为本"的管理机制上来，要确立教师在办学治校中的核心地位，发扬学术民主，健全、规范和完善学校的咨询、决策、执行和监督系统，积极发挥学术委员会、学位评定委员会、教学工作委员会等的积极作用。

因此，在高校人力资源管理中，必须牢固树立以人为本的理念，追求人力资源开发的人本性和归属感，着眼于人才资源的开发，致力于人力资源的合理利用，做到人力资源管理方法的科学化、民主化、法制化和管理体制的合理化、规范化。

（3）树立人力资源开发理念

人力资本投资是效益最高的投资，是回报最好的投资。高校作为人才培养、知识和科技的摇篮，人力资源潜力巨大。要把潜力转化成促进经济发展和社会进步的生产要素，就必须强化人力资源开发工作。对内要重视人力资源的能力建设，加强对人才的适应能力、学习能力、创新能力、运用信息能力和跨文化交流能力等方面的培养和开发，建立与市场经济体制相适应的高校人力资源开发管理体制，优胜劣汰，优化组合，合理使用教师编制，发挥人的潜能，减少内耗；对外则围绕市场，广纳贤才，不求所有，但求所用。

3. 创新高校人力资源管理机制

（1）创新内部管理机制

积极探索有利于团队建设和发展的内部管理机制，从改革基层学术组织结构入手，打破原有学科组织结构和科研组织模式，合理配置人力资源。建立有利于学科交叉、融合和汇聚的教学科研体制，形成有利于增强自主创新能力和提高创新人才培养质量的基层学术组织结构，促进创新团队建设。要不断转变人力资源管理的职能，使其由行政权力的控制转为服务支持。经常与下级沟通，形成共识，建立互信。要突破旧规则，抛弃旧方法，采取灵活的管理技巧，争取更多的机会，激发人力资源管理的潜能。通过有效地协调人与人之间、人与事之间的各种矛盾，使之保持一种均衡的状态。在制度管理上，要进一步深化内部人事管理体制改革，突破原有的思维模式和运作方式，不断满足人的物质的和精神的需求，努力构建有利于创新人才培养和高层次人才集聚的制度环境。要建立科学的人力资源流动制度。这种制度通过契约关系，来依法确定个体的权利和义务，确定工作年限。既可以自主地流出，也可以有条件地随时准入。高校组织既可以解聘、辞退不符合条件的员工，也可以引进合乎条件的员工。逐步形成人员能出能进、职位能上能下、待遇能高能低的合理局面。

（2）建立有效的激励机制

管理心理学认为：激励是激发鼓励，以调动人的积极性、主动性和创造性，激发人的动机，使之产生指向需要目标的动力的心理过程。建立有效的高校教师激励机制，就是指学校为实现其目标而根据教师的个人需要，制定适当的行为规范和分配制度，以实现人力资源的最优配置，达到学校利益和个人利益的一致。激励机制建立的实质是，要求管理者抱着人性的观念，通过理性化的制度来规范教师的行为，调动教师的工作积极性，谋求管理的人性化和制度化之间的平衡，以达到有序管理和有效管理。要在坚持物质激励与精神激励相结合的原则、适度性原则、公平性原则、时效性原则的基础上，不断创新激励方法和激励手段，达到良好的激励效果。

建立科学、有效的激励机制，应包含以下几部分内容：一是建立激励机制的出发点是满足教师的个人需要。设计各种各样的奖酬形式，并设计具有激励特性的工作，从而形成一个激励因素集合，以满足教师个人的外在性需要和内在性需要。二是建立激励机制的直接目的是为了调动教师的积极性。其最终目的是为了实现组织目标，谋求组织利益和个人利益的一致，因此要有一个组织目标体系，来指引个人的努力方向。三是建立激励机制的核心是分配制度和行为规范。分配制度将激励因素集合与目标体系联结起来，即达到特定的组织目标（即绩效标准）将会得到相应的奖酬。行为规范规定了个人以一定的行为方式来达到一定的目标。内外奖酬是否能满足教师的需要，在于学校通过对教师的业绩进行科学的考评后给予公平的奖励。四是建立激励机制的效率标准是，使激励机制的运行富有效率。而决定机制运行成本的是机制运行所需的信息。信息沟通贯穿于激励机制运行的始末，特别是组织在构造激励因素集合时，对教师个人真实需要的了解，必须充分进行信息沟通。通过信息沟通，将个人需要与激励因素联结起来。五是激励机制运行的最佳效果是，在较低成本的条件下达到激励相容，即同时实现了教师个人目标和组织目标，使教师个人利益和学校利益达到一致。

要进一步深化分配制度改革，逐步建立以岗位绩效工资制为主的高校薪酬制度，加大对优秀拔尖人才的分配倾斜力度；努力建立适应社会主义市场经济体制要求，符合高等教育规律和教师职业特点的现代大学人事制度，形成人才辈出、人尽其才的良好制度环境。

（3）建立绩效评估机制

建立和完善以业绩和能力为导向、科学合理的考核评价机制，由重视过程管理向目标管理与过程管理相结合转变，由重视年度考核向聘期考核与年度考核相结合转变，由单纯注重数量评价向数量评价与质量评价相结合转变。要强化海内外同行专家在学术评价中的重要作用。

（4）建立人力资本积累机制

提高校工素质、增强职工能力，是每一个组织求得发展的重要因素。

在知识经济时代，面临世界新技术革命的挑战和人才的激烈竞争，信息和知识的发展迅速倍增，若不持续的学习和及时地掌握新知识，就会失去原有的优势。作为知识和科技发展前沿阵地的高等院校，应始终站在学科发展的最前沿，了解最新的世界研究方向和动态，通过建立多重学习型组织，促使学科建设的发展。这就从根本上对高校人力资源的开发与管理提出了要求。另一方面，由于社会及经济处于迅猛发展阶段，为高等教育的发展提供了源源不断的新的增长点，使得高等学校人才资源的储备方式必须是动态的，具有前瞻性和预见性。学校人力资源管理部门必须加强对员工的培养学习，做好人才资本的积累与更新。与此同时，人事管理部门要做好基础性工作，收集详细的基础资料，分析数据，提出科学的人力资源结构方案，增强人力资源管理的针对性和有效性。在人才引进、教师培养、机构设置等方面，都要进行深入的调查分析研究，以科学的数据为前提，分析预测，合理安排教学、科研和管理人员的比例，构成合理的人才梯队，保持学科建设和教学工作的可持续及其快速增长。

（5）健全人才培训机制

教育培训是人力资源能力建设的基础工程。在知识经济时代，知识更新的速度非常快，每一个员工都要不断地学习，才能与社会经济发展同步，使自己立于不败之地。因此，高校应该克服"重使用、轻培养"的倾向，有计划、有组织地培养各类人才，创建一套适应知识经济体制要求的、充满生机与活力的人才培养机制，不断提高师资队伍的整体水平。一是要树立教育培训是最具经济和社会效益的生产性投入的新观念，构建学习型社会、学习型组织，建立终身教育体系。积极向各类人才提供形式多样的教育培训机会，努力实现教育培训的终身化、国际化、现代化，使人才的教育培训满足组织发展的需要和人才成长与创业的要求。二是要在教育培训管理上逐步市场化，引入竞争机制，充分利用好国际、国内的各种培训资源，提高培训效益。三是要经常举办学术报告会和研讨会，形成浓厚的学术氛围，提高各类人才的创新能力、学习能力、适应能力、竞争能力，等等。四是要进一步发挥留学生创业园、博士后工作站等基地的作用，使其成为集聚优秀人才的重要载体，探索建立以项目和课题研究为主的研究组织体制，发挥其集聚人才作用。

（6）建立多元投入机制

要加大投入力度，统筹配置各类资源，进一步加大学校发展性投入中用于师资队伍建设的比例，在重大建设项目经费中划出一定份额，用于高层次人才队伍建设。同时，要拓宽融资、筹资渠道，建立多元化的师资队伍建设投入机制。

第二章 高校人力资源招聘与规划

第一节 高校人力资源的招聘制度

在 21 世纪知识经济发展的新格局下，国际间的竞争集中表现为人才的竞争，处于组织中人力资源金字塔顶端的人才资源，在经济社会发展中的重要地位越来越突出。而人才来源的主要途径是对人力资源的招聘，作为培养国家高层次人才的高校，人力资源的招聘在其整个管理进程中的重要性就可见一斑了。由于高校人力资源主要集中在教师上，所以本章主要讨论高校教师的招聘。

一、高校人力资源招聘的概述

（一）高校人力资源招聘的概念与作用

高等教育呼唤高素质教师的出现。高校作为培养国家高等人才的主体，如何建设一支高素质的教师队伍，使高校无论在教学、科研还是管理等领域处于不败之地，是高校发展进程中的重中之重。这就需要吸引高素质的人才加入教师队伍，而教师的招聘就是吸引人才的最重要环节。教师招聘作为高等学校人力资源管理战略的核心，对于高等学校战略目标的实现起着越来越重要的作用，因此，必须把好高校教师的招聘关，保证高校师资队伍的高素质。这也是高校实现可持续发展所要问答的重要问题。

招聘工作是人力资源管理的一项基本工作，是人力资源管理中培训、绩效评估、薪酬、激励、人员流动等管理环节的基础。人员招聘是指组织为了自身的发展需要，根据人力资源规划和工作分析的要求，寻找、吸引那些有能力又有兴趣到本组织任职的人员，并从中选出适宜人员予以录用的过程。招聘工作是整个人力资源管理工作的基础。一方面，招聘工作直接关系到人力资源的形成；另一方面，招聘是人力资源管理中后续管理各个环节的基础。

人才对组织的发展来说是至关重要的。当今的组织间的竞争，在一定程度上已经演变成为人才的竞争，而人才的竞争，在很大程度上却是招聘和测评水平的竞争。因此，我们在重要职位的招聘与测评上，非得有"萧何月下追韩信"的劲头才行。人员招聘，简称招聘，是"招募"与"聘用"的总称，为组织中空缺的职位寻找到合适人选，实际中间夹着甄选。招聘，其结果关系到组织中员工队伍的构成。员工的等级越高，其招聘和测评就越难。

要使一流的高等学校拥有一流的教师队伍，首要和基本的关口是教师招聘环节。教师招聘应该放眼国内，力争引进国内一流的教师和研究生，不要只局限在本省、本自治区或本直辖市范围内，更不能大量留用本校的毕业生（除非经过公开公正公平竞争表明本校的毕业生确实更优秀些）。无数事实证明，高等学校教职工队伍的多元化是高等学校活力的源泉。至于招聘对象的毕业学校是否有层次上的要求，如是否必须出自"985工程""211工程"的高等学校，是否必须出自世界名校，则要根据招聘学校的层次和招聘岗位的具体要求来确定。但归根结底，只有招聘对象的能力和水平才是最终的衡量尺度。虽然有的企业招聘高等学校毕业生时很刻板，必须是某些名牌高等学校的毕业生才会纳入其招聘的视野之内。但"英雄不问出身"，教师招聘既然是一种人才选拔活动，务实才是最重要的。

从人力资源管理的角度出发，招聘以前首先应有一份确切的工作描述和任职说明书。工作描述具体说明工作的物质特点和环境特点。比如教师的工作主要责任是以授课方式帮助学校进行学生管理。任职说明书即任职要求，说明担任某项职务的人员必须具备的生理要求和心理要求。比如高校教师的学历一般要求研究生以上。

目前高校招聘教师，过多看重其文凭和专业而忽略其他。文凭固然能反映很多东西，也是高校教师应具备的条件之一，但还有许多方面是文凭所不能体现的。比如其个人素质，其持续发展能力等等。这就需要人力资源管理部门在招聘时综合考察。

首先要考察的是作为教师的基本功，如知识水平、语言表达能力、普通话水平等。教师的主要职责是对学生进行传道、授业、解惑，让学生掌握知识，所以他不仅要自己明白，更主要的是让学生明白。这样我们在招聘时除了看文凭还应通过试讲的方式来考察教师。其次要考察的是作为教师特别是民办高等学校教师的个性素质，如敬业精神、坚持不懈、有耐心等，这些可以用个性测试来考察。

（二）高校人力资源招聘的意义

随着高校扩招，高等教育已经进入大众化阶段，受教育者层面的推广必然对高等教育和高等学校教师的素质、结构等产生强大的冲击，高等学校和高等学校的学生对新型教师的呼声越来越高。我们正处在高等教育改革与发展的又一个关键时期，精英教育的模式发生了变化，学生群体的多元价值观对高等教育和高等学校教师产生了影响，高等教育和高等学校对教师的素质有更高的要求。教师招聘行为已成为高等学校这一组织实现其战略目标的重要环节，教师招聘作为高等学校人力资源管理战略的核心，对于高等学校战略目标的实现以及人力资源的增加，都起着越来越重要的作用。

适应新形势要求的教师越来越受到高校的青睐，而不适应新形势的教师终将为时代淘汰。随着信息化的高速发展，高等学校教师的角色和功能也逐渐发生了重大转变。高等学校教师不仅仅是书本知识的传播者，其对学生学习促进的功能逐渐强化，师道的理念由此被赋予了新的内涵，高校教师也要转变教学观念。人们期望高校教师能够兼顾多重角色，一方面是能树立学术的权威，另一方面又能够肩负起培养国家栋梁的重任，还要成为道德的典范，担负起道德指引和教育指引的责任，真正做到"学为人师，行为规范"。

由此，高校的教师招聘改革势在必行。通过高校招聘改革选拔出德才兼备的贤士进入高等学校，这样的方式对于高等学校战略目标的实现，以及人力资本的增加都起着越来越重要的作用。然而，新的社会发展趋势对教师提出的新要求在实践过程中难免会遇到阻碍，各种问题与矛盾也凸显。高校的招聘执行者如何运用科学方法和手段来吸纳优秀人才就成为一个值得关注的问题。而这也就赋予了高校教师招聘工作以重大意义。

1.招聘到的教师的素质影响着学校的生存和发展

对于一个高等学校来说，教师素质的高低，通常是影响其教学效果的一个决定性因素。面临高等教育的大众化趋势和知识不断快速更新的局面，各种物质资源的可利用空间正在不断缩小，只有人这种活的资源可利用性还存在着巨大的潜力。学校如果能够招聘到高素质的教师并留住他们，使他们在学校的发展和创新方面充分发挥作用，就为学校培养优秀的人才多了一份保障。同时，从成本的角度来看，招聘到优秀的教师也相当于为学校节约了职后培训的费用，而且还可能具有原有教师经培训也达不到的效果。

2. 教师招聘是学校各项管理组织工作的基础

合理而有效的组织结构总是建立在一定数量和质量的人员结构之上的。按照学校战略规划和具体教学的需要，将不同层次、不同素质的人员安排到一定组织结构要求的岗位上，并随着组织结构的调整而不断进行调整，才能保证学校的高效运行。而作为学校各项管理工作第一步的教师招聘，很显然是其他后续管理工作的重要基石，如果这项工作没有做好，那么也将给后面的管理工作带来一定的困难。因此，教师招聘工作作为人力资源管理工作整体环节的重要步骤，是学校获得优秀人才的必要手段和途径，也是学校经营成功的前提之一。

（三）高校人力资源招聘的原则

1. 公平公正的原则

（1）要符合国家的法律法规

招聘活动必须遵守国家在有关方面的法令、法规和政策，公示招聘信息、招聘方法等。

（2）在人员招聘过程中，要努力做到公开竞争

要用一种开放、科学、多样化的人员选聘体制代替旧的、封闭、单一的人才选聘模式，充分鼓励公平、公开竞争，并且对所有应聘者应一视同仁，以严格的标准、科学的方法，对候选人进行全面考核，公开考核结果，择优录取。这样既能使更多的优秀人才脱颖而出，从中挖掘到更多学校所需要的可用之才，又可以激励其他教师积极向上。这样才能真正提高学校教师招聘工作的质量。

2. 因事择人的原则

（1）以学校和岗位的实际需要为标准设岗

必须根据学校的人力资源规划的用人需要以及工作分析得出的任职资格要求，运用科学的招聘方法和程序开展招聘工作，并坚持能位相配和群体相容的原则。真正从职位的实际要求为出发点，做到人和事的有机配合。将

不符合岗位要求的人员置于该岗位，既浪费了人才，又损害了学校的利益。所以对于学校来说，无论是多招了人还是招错了人都会给学校带来一定的负面作用，除了由此造成的人力成本和培训成本的增加以及低效率和错误决策带来的损失外，由此导致的人浮于事还会在不知不觉中对学校的文化造成不良影响，并降低学校的整体效率。所以因事择人原则也是提高教师使用效率和学校工作效率，改善经济效益的内在要求。

（2）选聘人员时要选用最适合该岗位的人来胜任该工作

不能不顾职位的资格要求降低标准选人，也不能一味追求高素质、高质量、高学历、高职称，但却并不适合该职位的人，要根据该岗位的实际需要来选聘最合适的人选。也就是要根据学校中各个职务岗位的性质选聘相关的人员，而且要求工作群体内部保持最高的相容度。简单地说，有的人满腹经纶，才高八斗，却不懂怎样将自己的知识传授给学生，这样哪怕他再知识渊博，也不适合站在讲台上，而科研工作可能更适合他；有的人虽然没有高深的理论知识却可以和学生打成一片，具有很强的组织学生的能力，那可能学生管理工作更加适合他；而既掌握丰富的专业知识，又拥有一定的教育学知识的人才真正适合站在讲台上进行教学。

学校招聘到最优的人才并不是最终的目的，而只是手段，最终的目的是每个岗位上用的都是最合适的人员，是"用其所长""人尽其才"，要使招聘到的教师能在所在岗位上充分发挥他的优势，从而培养出最优秀的人才，进而达到学校整体效益的最优化。

3.效率优先的原则

效率优先是市场经济条件下一切经济活动的内在准则。不管采用何种方法招聘，都是要支付费用的，这就是雇用成本。雇用成本主要包括招聘广告的费用，对应聘者进行审查、评价和考核的费用等。一个好的招聘系统，表现在效益上就是用最少的雇用成本获得适合职位的最佳人选的过程，符合效率优先原则。效率优先在教师招聘中的体现就是根据不同的招聘要求，灵活选用适当的招聘途径和甄选手段，在保证招聘质量的基础上，尽可能降低教师招聘成本。

虽然学校进行各项活动的根本目的不是为了产生经济效益，而是为了学生的发展从而产生社会效益。但不论是经济效益还是社会效益的产出，都需要高效率来达到最大的收益。对于学校来说就是培养出优秀的学生从而得到最大的社会效益，学校的各项活动的进行都离不开这一核心。教师的招聘活动也是如此，要以效率为中心，即以尽量少的招聘与选拔成本，获取高素质、符合组织需要的教师。这就要求学校人力资源管理部门和直线职能部门进行积极配合，在进行教师招聘活动时采取灵活的方式，利用适当的招聘渠道，做出合理的安排，以提高教师招聘的效率。

4. 双向选择的原则

人员招聘与选拔的双向选择原则，是指学校可以根据学校自身发展以及教学计划和对学生的培养要求的需要自主选择所需教师，同时应聘人员也可以根据自己的兴趣专长自由地选择学校和岗位。

双向选择原则符合市场经济条件下劳动力资源配置的基本原则。按照这一原则，学校能够在劳动力市场上吸引优秀的教师资源，不断地致力于发展学校自身的形象，提高经济效益的同时也提高社会效益。同时，劳动者为了在竞争中取胜，进入理想的学校担任教师，必然要努力提高自身的科学文化素质和业务水平。在这种双向的鼓励和策动之下，人员的素质不断得以提高，学校各方面得以发展，既不浪费资源，还为人力资源创造了一个自由发展的空间。总之，学校按照这一原则招聘教师，能够不断提高教师素质，优化教师结构，激发教师的工作热情，不断为国家和社会培养出优秀的人才。

二、高校人力资源招聘的基本流程与聘任制

（一）高校人力资源招聘的基本流程

教职工的聘用不外乎来自两个方面：学校内部聘用和外部聘用。聘用途径无论是内招还是外聘都要坚持以有利于学校组织目标的实现为出发点。高校作为一个特殊的组织，对其核心人员即教师的招聘和甄选有一些特殊的要求，无论从录用资格还是甄选方法上都有不同于一般组织的地方。在整个教师聘用过程中，静止地选拔教师，靠"伯乐相马"，靠领导的直觉、印象来选人，往往带有很大的主观片面性。采用"赛马"的方式和科学的方法对候选人进行测评，根据测评结果确定人选，可以创造一个公平的竞争环境，这样既可以选出真正优秀的教师，又可激励其他教职工积极向上。

1. 制订教师招聘计划

制订教师招聘计划包括招聘时间、岗位、人数和任职资格等。确定教

师录用条件的讨论是现代组织实行科学管理的重要手段，是人力资源管理中一项基础而又关键的工作。对于高校教师的招聘甄选而言，工作分析的主要目的是确定所需教师岗位的数量与要求、人员选拔的依据等，来形成教师队伍建设的长期、短期规划，这是保证。教师招聘工作成功的前提和基础。教师的工作说明书包括教师的职位描述与教师的任职资格。教师作为一种特殊的职业，教师工作说明书也具有与众不同的特征。不同历史时期、不同的国度都有着各自的要求，当然处于不同区域范围内由于教师对于学生成绩的影响力有附加性、积累性以及不可补偿性的特点，所以，教师的任职资格历来受到广泛的关注。以下主要讨论教师的任职资格应该从哪些方面考虑。

从严格意义上讲，长期以来，对于一名合格教师所应具备的素质，一直未能取得一致的看法，其中的原因是较为复杂的。从微观层面看，对于教学专业特性的认识存在较大的分歧。主要分歧就是人们所熟知的"科学说"和"艺术说"。前者导致强调教师要具备各种"专家型知识"，后者则认为教师应主要掌握各种"技艺型知识"。

近年来，随着对教与学研究的不断深入，对于教学专业的认识也日趋全面。人们逐步认识到教学既非科学亦非艺术的复杂多重属性，这使得人们提出用"专长"概念来对前两者进行有机结合，提出教师应具备教学专业所要求的各种专长。把教师的创新素质用创新精神和实践能力来加以表述。

创新精神是指具有能够综合运用已有的知识信息、技能和方法，提出当前存在的问题的能力，并具有革新的意识、信心、勇气和智慧；"实践能力"则是指要具备在科学研究、生产劳动、经营管理、文化生活等各个相应方面的实际工作中，将理论知识、书本知识与工作实际相结合的动手、动脑、分析问题、解决问题的能力。

高校教师应该有学者素质，既以自己的学科性质特点为基础，对其他相关学科的知识了解或掌握，形成自己的知识体系；同时又研究自己的教学个性，形成独特的实践操作体系、教学思想或教育理论以及完整的教学体系、教学风格和流派。高校教师素质还应从职业意识、职业道德和教育观等角度考虑。

教师是一种非常特殊的职业，其特殊之处在于其工作对象是学生，因而，教师职业不是每个学识和教养达标者都能胜任的。教师职业要求从业者有强烈的职业意识、博大的爱心、对人的深刻理解、坚定的正义公平信念和永不消退的对人及社会的责任感。作为高校教师,只有本身拥有了美好的精神世界,才能帮助学生明理、解惑,帮助学生形成正确的世界观、人生观、价值观、道德观,掌握科学的方法论。

教师所必须具备的专业素质,主要由下列几个层面构成:一是任教学科知识。二是任教学科相关知识。三是教育学、心理学、学科教法等教育科学知识。具备优秀专业素质的教师,其显著特征是专业知识扎实精深、功底深厚,教学方法灵活多变技艺精湛、深为学生爱戴,教学意识现代、时代气息强烈,教学手段高效、组合优化、反馈迅速,教学目标明确,贴近学生实际,教学形式因人而异、因事而异、机动灵活、注重实效,教学机制有效。能尊重、关心、理解、信任学生,从而形成合作、自主、愉快、自由之教学氛围。

教学实践证明,成效卓著的教师,其心理素质表现为宽厚、真诚、热情、谦逊、果断,勤奋,其品德素质表现为:挚爱教育、不断进取、完善自我、严于律己、无私奉献,淡泊名利、表里如一。目前国内对于教师的能力研究也很全面,涉及教学创新、教学研究、人际交往、教育机制等各个方面。

2. 确定人员需求

在高校中,一般由各学院院长、系主任向校人事主管部门提出申请,申报年度师资需求计划。一般以人员需求表格的形式提出申请。人力资源管理部门得到人员需求信息后,可以根据组织内部已有的职位说明书中获取目标职位的相关信息,与提出申请的院系共同确定招聘数量、招什么样条件的人,选择通过院系内部人员变动(如评教授、副教授等),还是通过外部招聘的方式来填补各院系的职位空缺。

3. 招聘前准备

聘前准备是学校搞好教职工聘任工作的前提和基础。为此,应该注意以下三方面的准备工作。首先,成立学校教师聘任领导小组或者招聘委员会,负责组织、领导全校教师的聘任工作,以合议为工作方式,决策由集体完成,通过投票决定是否聘用教师,从而防止由于个别成员的因素影响招聘的结果,以最大限度地保证教师招聘的质量;其次,对教师录用条件达成共识,领导小组成员必须熟悉聘任工作的所有文件,领会聘任工作的政策依据、操作要求和注意事项,做到方向明确、步骤清楚、操作熟练;最后,为了使收到的应聘者资料能全面提供学校希望得到的应聘者信息，应该了解教师人才市场、发布教师需求信息和接受应聘者的求职申请并且有统一化的格式方便甄选，可以由人力资源部门制定统一的教师职位申请表。

4. 甄选

甄选方法有多种，高校在招聘教师的过程中对应聘者的甄选可以通过背景调查与推荐信核查、面试、笔试、测试（包括身体能力测试、个性测试、智力测试、职业性向测试等）、试讲等方式进行。

应聘者应聘材料的筛选与核查。高校的招聘委员会对应聘者提供有关的个人信息先根据教师的工作说明书把符合职位要求的应聘者筛选出来，进入到下一轮的甄选活动。一般学历、职称、科研成果等因素都是高校招聘教师最看重的条件。

（1）面试

高校教师招聘中的面试主要是了解应聘教师的基本情况、理论知识和表达能力，包括仪态举止及师德规范、逻辑思维及语言表达、基本理论知识及教育学、心理学知识的掌握。这些基本构成了教师招聘面试需要拟定的测评要素。教师招聘的面试测评技术是个崭新的课题，还有许多理论与实践问题需要研究解决。面试主要内容包括：应聘者的举止仪表、语言表达能力、逻辑思维能力、专业知识水平和应用灵活性、应变能力、自我认知能力、心理素质水平、成就动机、求职动机、兴趣爱好等。

（2）笔试

对于教师招聘，笔试有着重要的作用。作为要教授知识的老师，对基本知识、专业知识必须有良好的掌握，这一点通过笔试能最直接、准确地对应聘者进行测评。知识考试可以团体进行，组织实施的成本低廉，可操作性强、效率高。通过这样的考试，可以对招聘进来的教师充满信心。

（3）测试

通过对应聘者的个性测试、职业性向测试等人员测评方法，可以在知识、专业水平等硬性条件符合高校教师资格的应聘者中挑选出适合教师工作的人。教师不仅能独立完成教学任务，创造性地开展教育教学工作，而且要求教师具有很好的沟通能力、协调能力，善于与学生交流合作。事实上，学校领导经常面对这样的难题：招聘进来的个别教师存在性格方面的缺陷，或与学生难以沟通，或与同事无法合作，给工作带来很多不必要的麻烦。人格、心理、气质、智力、职业兴趣、人际关系等都有必要在招聘工作中予以关注。通过心理测验，可以把具有适合教师职业要求的严谨、开朗等的性格特征的应聘者挑选出来。心理测验就是对人的各种特点进行了解、比较的一种有效工具。

（4）试讲

试讲是在应聘教师选拔时最常用到的方式。被招聘学校和应聘教师一致认为，讲课是最能反映教学水平的选拔方式。上课是教师在一定的时间内组织学生按照预定计划进行的教学活动。上课是整个教学工作的中心环节，是教师的思想水平、业务能力和教学技巧、个性的集中反映。虽然一堂好课没有绝对的标准，但也还是有一些基本的要求：既有科学、合理、全面的符合素质教育要求的三维目标，又有体现现代教学策略，能真正凸显从教师的"教"向学生的"学"的转变，使学生在自主、合作、探究的学习氛围中获得全面发展。另外，还要追求课堂的高效率。即面向全体学生，让不同层次的学生都有所收获，学到新知识，使能力得到提高和锻炼。在课堂教学的全过程中，学生能广泛积极参与，使课堂充实、收效显著。经过层层选拔，最后由学校的招聘委员会或招聘主管部门做出聘用决定，确定要录用的人员。应聘人员与高等学校通过签订聘任合同的形式，明确双方的权利、义务、责任关系。聘任关系实行合同化管理，合同亦是解决双方争议的法律依据，包括初步筛选、笔试、面试或试讲和其他测试等。

（5）教师录用

包括做出用人决策和发出通知等。

（6）评价

包括评价程序、技能和效率等，为下一轮教师的招聘做好准备工作，也可为下一轮招聘提供有价值的信息和可供参考的标准。

（二）高校人力资源招聘中的聘任制

目前，很多高校开始面向社会公开招聘教师。在国家重点建设学科以及在教学科研实力雄厚、处于国际学科发展前沿、希望实现重大突破的新兴学科中设置特聘教授岗位。

1. 聘用合同制的基本含义与作用

聘用合同制是单位与职工按照平等自愿、协商一致的原则，通过签订聘用合同，确定单位和个人的劳动关系，明确双方责任、权利和义务的用人制度，又称聘任制。"平等自愿，协商一致"是实行聘用制的根本原则，其本质是强调单位与职工在聘用中的平等主体地位。实行聘用合同制的关键环节是订立一份平等、合法的聘用合同，其目的是以合同为依据，规范单位和个人双方的行为，维护单位和个人双方的合法权益。

2. 聘任制的优势

聘任制实行双向选择，给学校选择最优秀人才的机会的同时也使劳动者有自由选择的权利，使人才供需双方处于平等地位。

学校实行聘任制，可以根据需要录用各种人才，形成合理的教师人才结构，同时能进一步促进教师队伍建设走上法制化、规范化，有利于学校的资源有效配置，避免了不必要的浪费。

实行聘任制，可以从实际出发选拔和录用人才，可以做到少而精、因事择人、公平竞争和量才任用。

教师聘任制有利于选拔优秀人才，从而确保教育教学质量的提高，有利于培养出优秀的学生，同时更有利于办学特色的形成。

聘任制能不断优化竞争机制。因为聘任制的本质就是择优上岗，优胜劣汰，从而有利于学校整个教师队伍素质的提高，能在干部、职工中形成能上能下，能进能出，人尽其才的氛围，使有能力、有责任心的优秀教师能够充分发挥才干与潜力，使那些不思提高教学质量、混日子的教师产生危机感，增加压力，不断优化竞争机制，从而有利于学校的发展。

3. 实行聘用合同制的主要环节

（1）因校制宜，合理设岗

高校实行定编、定岗、定员，确定各个不同岗位上可聘用人员的数量，使教学科研及管理等各支队伍协调发展。这是实行聘用合同制的前提，也是一个基础环节。设岗应遵循按需设岗和优化结构的原则。依据任务性质的不同，明确各级各类岗位的职责、岗位任职条件和岗位数，要重点保此教学、科研第一线的需要，从紧设置管理和后勤岗位。定岗的难点在教师工作岗位的设置。教师岗位的设置，应以学科建设和教学科研的实际任务为主要依据，要根据各学科专业的发展目标来确定各个学科专业的各级岗位数额和结构比例。在一些重点建设的学科，予以设置一些特殊岗位，比如设立特聘教授岗位、校级重点岗位等，以利于学科建设和吸引，稳定教学科研急需的高层次人才。

（2）竞争上岗，依法签约

竞聘是聘用合同制的核心，其基本原则是"平等竞争"和"择优聘用"。竞争上岗是聘用中最突出的特点。通过竞争，教职工根据个人特长和意愿选择适合自己的用人单位和工作岗位；单位根据需要聘用最佳人选。在实施聘用合同制中，要扩大二级单位和学科带头人的聘用自主权。这样聘用才更切合实际，更具活力。聘用关系的确定，过去一般以发聘书的形式来表明。这种形式虽有一定的约束力，但从本质上说，仍是一种单一的行政管理手段，其法律依据不足，难以与社会法制化管理接轨。应当用符合法律规范的合同来确定聘用关系。聘用合同不仅要有明确的聘用年限要求，更要明确双方的责任权利；特别要体现岗位特点，有明确的任务目标；合同内容要合理、明确、可操作。

（3）聘后管理，科学考核

聘后管理关系到聘用合同制的有效运作，是用人制度改革的重要保证。严格的岗位职责和科学的考核，是加强聘后管理的重要措施。高校要制定科学的、可操作的考核标准，采用定期和不定期、定性和定量相结合的方式进行严格考核，并建立考核档案。同时，要发挥考核的导向作用，要通过考核引导教师朝更高的目标努力，鼓励他们在完成岗位规定的基本教学科研任务后去承担更多的教学任务，发表更多的高水平论文，争取更多的科研项目和科研经费。对少数工作不积极的教师形成一种压力，使之尽快调整心态，适应竞争环境。通过履行职责考核，认真地甄别人才，同时，考核的结果与晋职、分配挂钩，并作为续聘、解聘的重要依据。为增强考核的客观公正性，可在校园网上实现量化考核公示制度，使封闭静态的人事管理变为开放动态的人事管理。

（4）重岗优酬，按劳分配

学校聘用合同制的一个重要环节是建立与受聘人员工作任务、工作业绩相对应的分配制度。这种制度应以"按劳分配"和"效率优先，兼顾公平"

为原则。应按照各级各类人员承担完成工作任务情况、工作量标准确定和发放工资、津贴及奖金。在此基础上可采用特殊激励的分配办法。例如，对在学校建设和人才培养方面发挥重要作用的教师发放特殊津贴；对经一定程序评选出来的优秀课程或主干课程的主讲教师发放课程津贴；对取得突出成果的教师发放成果津贴等。

（5）妥善安置，适当分流

聘余人员分流是实行聘用合同制的重要环节，也是难点所在。聘余人员包括因编制、岗位限制未聘的和不能履行岗位职责的人员。在社会保障体系尚未完善之前，这些人员还将主要依靠学校内部消化。对待聘余人员，要着眼于教育与提高，要注重岗位技能培训，提高待聘人员的政治业务素质，积极为待聘人员试岗、换岗和重新上岗提供机会。对落聘和富余人员的问题，要从社会稳定和改革大局出发，慎重考虑和解决。对不能履行岗位职责的教师可转聘其他教辅岗位，若不能胜任教辅工作，也可充实到服务经营实体。学校大量使用的临时用工岗位，也可用于安置聘余人员。对于部分自愿向外流动的教职工要积极支持。对于严重违约和违反国家与学校有关规定的人员要坚决予以解聘。

4.实施聘用合同制的基本手段

（1）法律手段的运用

法律手段是指依据国家有关法律、法规、规章实施聘用合同制的方法和措施。这是实施聘用合同制的最主要的手段。首先，这是依法治国、依法治教的需要。聘用合同制作为国家的一项用人制度，无疑需要走法制化的道路，需要运用法律的手段。其次，是由聘用合同制本身的性质和特点所决定的。聘用合同制是劳动合同制的一种形式，是用人单位和个人双方通过签订具有法律效力的聘用合同来确定双方的劳动关系和权利、义务及责任的一种用人制度。对于平等主体之间的法律关系，最主要的是依靠法律来规范，而不是主要靠双方的行政隶属关系来维系。因此，实施聘用合同必定需要运用。

（2）行政手段的运用

行政手段是指通过行政组织，按照行政方式实施聘用合同制的方法和措施。这是实施聘用合同制不可缺少的重要手段之一。首先，实行聘用合同制后，高校与教职工之间一方面确定了在劳动关系上的法律关系；另一方面，高校作为事业单位对教职工仍然负有校内行政管理职责。其次，聘用合同内容中权利与义务的落实也需要通过学校的行政管理来实现。因此，实施聘用合同制，需要运用行政手段。运用行政手段的具体措施很多，这里主要强调行政管理制度。具体有：制定高校聘用合同制的实施办法、建立岗位聘任制、实行"双待"制、完善教职工考核制度等。

（3）经济手段的运用

经济手段是指运用工资，津贴、奖金等各种经济杠杆实施聘用合同制的方法和措施。第一，聘用合同制中合同内容涉及双方的经济利益，如合同中明确教职工有获取报酬等涉及经济利益的权利。但如何获取，按照什么原则分配，需要采用相应的经济手段加以具体化。第二，吸引高层次人才来高校签订聘用合同和留住已签约的优秀人才，需要通过经济手段来帮助实现。第三，对不能履行合同义务者，除了运用法律手段外，也需要运用经济手段加以制约。

经济手段的运用，可以从以下几方面着手：拉开分配差距，实行多劳多得，优劳优酬；采用优惠措施，努力吸引优秀人才签约；给予经济补偿，对于符合规定条件的解聘、辞聘对象，学校须根据有关标准给予经济补偿；向违约人员收取违约金，由于种种原因，有的教职工不能履行义务，给校方造成经济损失，对此，学校应按照合同的规定或双方其他预先的约定，向违约者收取违约金。

（4）教育手段的运用

教育手段是指运用精神力量提高教职工的认识，正面影响教职工的情感和行为，从而有效地促进聘用合同制实施的方法和措施。聘用合同制涉及教职工重要的切身利益，在是否聘用、是否聘任、聘期的长短、经济利益的调整等问题上双方有一致的一面，也有因不一致需要教职工妥协的一面。后者必然可能引起教职工的思想问题和心理压力，若不及时解决就会影响教职工的积极性，甚至造成不安定因素。这需要运用教育的手段，使聘用合同制的实施能得到广大教职工的热情支持和积极配合。具体办法有宣传和解释聘用合同制的目的、意义、法规、政策和操作，深入做好个别教职工的思想教育工作，落实思想教育工作等。

5.高校实施教师聘任制的对策

就当前实施的教师聘任制而言，困扰高校的突出问题是如何聘任学校现有教师，变单位人为社会人，变固定用人为合同用人，实现真正意义的教师聘任制，所以，现实的问题是，如何看待聘任与固有的拆解，聘任与补充的对应，聘任与考核的印证。所以，在推进教师聘任制进程中，有三个方面的关系要加以探讨。

（1）将现有教师与岗位需求紧密结合起来

教师聘任制总的原则，即按需设岗、公开招聘、平等竞争、择优聘用，契约管理。搞好教师聘任制的关键环节和首要问题就是岗位。而作为高校应该根据其自身的办学目标和条件，切实从学科发展、人才培养的现实需要和长远要求出发，科学地规划教师岗位、按岗位比例合理配置教师资源。目前阶段，处理好现有教师聘任是教师聘任制的前奏，更是基调。在这里，既要使现有教师在聘任上有所遵循，又要为教师聘任制健康发展留有余地。

有学者认为，在现有岗位前提下，教师的聘任还要有学生参与。教师的聘任，不仅仅是管理者和教师本人的事情，还是学生的事情。学生对教师的传道、授业有切身的体会，直观的认识，对教师能否聘任相应岗位有直接的依据，也就最有发言权。所以，教学水平得到学生充分认可的教师就应该聘任到相应岗位上，否则，在聘任上就缺失了重要的环节，个别教师受聘却不受欢迎的问题就会出现。

（2）进行教师聘用时严格遵循聘任标准

对于教师这个职位来说，其职位均有特定的工作规范，也就是说对其任职所需具备的条件有特定的要求。而这种特定的要求就是聘任标准。据此要解决两个层面的问题：一是现有教师的聘任。要在确保骨干教师队伍稳定的基础上，坚决推动人员的有序流动。二是缺额教师按聘任标准补充。这样做的目的就是动静结合，也就是在实施教师聘任制的进程中既保持大学的宁静之气，为教师从事教学、科研创造宽松、良好的工作环境，又通过人员的合理流动，保证教师队伍结构不断优化、质量不断提高。所以，稳定与流动的兼顾，是完善教师聘任制的又一个重要方面。

（3）进行教师聘用时建立完善的考核体系

科学的考核体系是聘任的基础，也是聘后管理的保证。教师聘任工作，是一项长期工作，不能蜻蜓点水，要克服重聘任、轻管理的做法，根据聘任合同的约定和绩效考核的结果，加强对教师的管理；要打破终身制，真正建立起"能进能出、能上能下、优胜劣汰"的竞争机制；要改变重使用、轻培养的做法，不断提高师资水平。

根据上述原则，在具体考核方法上，应根据学科类别与学科层次、岗位类别与教师职级的具体情况，采取定量与定性相结合、重点考核与全面考核相结合、年度考核与聘期考核相结合、原则性与灵活性相结合的评价模式，并注意考核的频率和节奏。在考核指标的设计上，既要考核专业能力，又要考核师德学风；既要考核科研，又要考核教学；既要考核学术工作，又要考核社会工作；既要严格要求，又要体现人文关怀。在考核结果的运用上，关键是要处理好教师个体发展与学校建设目标之间的关系。

对于未聘人员可采取如下措施：一是对不适应岗位需要的，可实行转岗；二是发挥学校人才交流中心代理、托管作用，进行岗位培训，以提高素质，使其尽快找到新岗位；三是减少临时用工，吸纳未聘人员；四是对表现差、素质低者予以辞退。

三、高校人力资源招聘中的人才测评

素质测评，是指测评主体采用科学的方法，收集被测者在主要活动领域中的表征信息，针对某一素质测评指标体系做出量值或价值的判断的过程，或者直接从所收集的表征信息中引发与判断某些素质特征的过程。例如，学校在人员的招聘与录用中，一般是采用情况登记、面试甚至使用测评技术，收集应聘人员的行为事实，然后针对岗位所需要的素质，做出有或无、多或少、高或低、优或劣以及可以录用或不便录用等一系列的综合判断。

所谓人才测评，是指综合运用心理学、管理学、测量学、系统论、行为科学和计算机技术等多学科的原理和方法，对社会各行各业所需人才的知识水平、能力结构、道德品格、个性特点以及职业倾向和发展潜力等多种素质进行测量和评价。科学地测评人才是一切人力资源工作的起点。人才测评作为选拔人才的重要手段，已越来越受到企事业单位和个人的重视。

（一）高校人力资源招聘中使用人才测评的科学性

1.测评方式客观、公正

传统甄选方式多为主观性选择，只凭评价者自身的经验和识才水平，

缺少标准化、客观化的方式和工具，使选才主观随意性大，缺乏科学性。这样的选才方式避免出现用人不当等问题。而人才测评技术是一种客观性选择，它采用的是"科学方法"。科学方法是指实践证明为准确、全面和方便的测量工具和评价方法。在同类同级岗位任职者的甄选中，人才测评技术运用心理测验的标准化方式，使被测试者均处在相同的测试方法、测试题目、测试环境以及相同的标准下进行测试和评价，因此，这一方式既客观又公正，能真正体现"公开、平等、竞争、择优"的选才原则。

2. 评价结果准确、可靠

传统选才较常规的做法是看简历和档案，而个人简历和档案的内容多半是高度概括的主观评语，大都无法反映具体情况，也难以考察个人实际的素质能力和水平。就是传统的甄选考试也只是单方面考察应试者的某一素质水平。而人才测评技术是针对某一"素质测评目标系"进行判断与衡量的。人的素质是由一系列素质测评目标组成的一个具有多向结构的目标"坐标系"来确定的。任何单方面的判断与衡量，都难以真实地把握其实质。人才测评注重考察人的实际能力、经验与业绩、潜在的智能水平、心理本质、职业倾向等，并注意所测内容的完整和多元化，注意从多角度、多侧面去观察和评价一个人，最大限度地减少测评误差。

3. 选才效率高

传统"伯乐相马"式选才仅是对单个人进行，是一种小生产方式。而人才测评技术既可以对单个人进行评价，也可以在较大范围内对一群人同时进行测量与评价。目前，许多人才测评技术已经实现了人机一体化，在进行计算机测量时，许多人可同时进行，和传统的选才方式相比，选才效率大大提高。

（二）在高校人力资源招聘中运用人才测评的意义

高等教育的发展是人才、资源、制度等多种因素有效作用的结果。但在诸多因素中人是最活跃的因素，是高校发展的直接因素。因此千方百计吸引高素质人才，按照高校自己的人才标准引进和招聘人才正成为各高校追逐制高点的首要目标。通过对人才进行测评，不仅可以使高等学校更深入地了解人才素质，确保人才质量，而且对人才进行测评是适应知识经济发展的客观需要，也是尊重人才、重视人才的具体体现。在高校教师招聘中应用人才测评有着深远的意义。

1. 有利于发现真正的教育事业人才

在高校教师人员的招聘中，通过表面的而且是部分的、不全面的信息（应聘者的学历、工作经历、职称及简单的面试），学校的招聘往往不是很成功。如果一个学校聘用了太多不合适的或对教育事业兴趣不大的人担任教师，那么即使有完善的计划、合理的组织结构和协调的控制系统，学校的教学、科研能力也不会取得长远的成功。为确保高等学校的长远发展，必须有能够胜任并喜欢从事教育工作、具有很大发展潜力的人员，这便要依靠人才测评，让优秀的适合于从事教育的人才脱颖而出。

2. 有利于未来建立起一支高素质的师资队伍

在一个学术梯队中，共同的事业不仅需要每位教师都具备优良的素质，同时更需要人才素质结构的合理组合。通过人才测评能全面了解教师的潜在能力、心理潜能和职业倾向素质等，加深对教师内在发展潜力的认识，预测教师未来的发展情况，从而更好地为教师梯队的配备和建设制定政策，建立起一支高功能、高效率的师资队伍。世界上不存在完美的人，但可能存在完美的团队。这是管理学界普遍认同的一个观点，一个完美团队的特点是人尽其才，各司其职，各显其能，全力配合。通过人才测评，预测人的内在潜力可以为组建完美的师资队伍，配备优秀的教师梯队提供可靠依据。

3. 有利于减少不必要的失误

在员工招聘中应用人才测评的作用十分明显，大大降低了由于经验管理造成的失误。从现代管理学观念看，企事业录用员工可以看作是在购进特殊的生产资源人力资源。既然是购进生产资源，就涉及质量检测。人才测评技术正是探测人力资源品质的可靠工具，它可以最大限度地避免由于用人的失误而造成的损失，为高校把人才引进这一关口提供科学依据。

总之，人才测评技术的应用实现了人才识别从依靠经验到依靠科学，从观察表象到内审潜质，从评价现在到预测未来的全方位转变。测试人的综合素质和专业水平有待于进一步提高，测评工具有待于进一步完善。对于高等学校而言，在使用这个工具的时候要慎重，最好是在专业咨询公司的帮助下，结合本校实际：如职位情况、师资队伍总体情况及学校的发展方向等，科学地使用测评工具。这样才能使其在高校教师的招聘中充分发挥作用，增强高校的竞争实力和实现高校的长足发展。

（三）高校人力资源招聘中的评价中心技术

1.评价中心技术的内涵

评价中心技术由基于多种信息来源的标准化行为评价组成，在评价中心中使用多个经过训练的评价者和多种测量技术进行评价，主要是从专门建立起来的测量情境中对行为进行评定。在评价中心里，多种不同的评价方式相互结合在一起，包括几种不同的测评方式，例如测验、情景模拟测评、面试等。其中的情景模拟测评可能不止一个。评价结果是在以多个方式进行系统观察的基础上整合得到的。通过推理，得到对应聘者行为表现的综合评价。评价中心采用的主要技术有：公文处理法、无领导小组讨论、模拟面谈、案例分析、管理游戏、智力测验、投射测验等。在人员选拔中，评价中心的独特之处在于——它通过专门设计一些与应聘者未来可能面临的相类似的工作情境模拟情境（活动），观察和评价他们在这些模拟情境（活动）中的行为表现，以预测他们在未来工作岗位上的工作绩效。评价中心不同于我们传统的纸笔测验、面试等测试工具，它主要通过无领导小组讨论、无公文筐、角色扮演等情景模拟技术，加上一些传统的测试方法，对人的知识、能力、个性、动机进行测量，从而可以在静动态环境中提供多方面有价值的评价资料和信息。由于评价中心采取多维度、多个测评工具、多个测评师来全面考量测评对象，效度比一般测评方法高。

评价中心，又称为评鉴中心，是第二次世界大战后迅速发展起来的一种新型的人事测评技术，是一种比较流行的评价、选拔和培训管理人员，尤其是中高层管理人员的综合性人事测评活动。我们可以把评价中心定义为：评价中心是一种以测评者管理素质为中心，标准化的一组评价活动。它是一种测评的方式，不是一个单位，也不是一个地方。在这种活动中，主试采用多种测评方法进行素质测评。

2.利用评价中心技术聘任教师的步骤

（1）成立专门的测评机构以培训评价人员

评价中心既是一种选拔技术，也是一级人事咨询机构。开展评价中心，选好评价中心成员是个重要环节。评价者一般由两个或两个以上层次的直线管理者和人事部门或其他职能部门的人员混合组成，要尽量选取知识面广，经验丰富的人员担任，有条件的单位要对人员进行系统的学习训练，以提高评定者的信度。

（2）进行岗位工作分析以构建评价指标体系

要对拟应聘的教师工作岗位进行系统分析，确定该岗位工作内容、专业等需要具备的能力素质，为评价中心确定将要评价的要素以及为技术设计提供情景素材。工作分析通常采用重大事件法、面谈法、工作条件法、问卷调查法等方法进行。然后通过工作分析的结果，得出与其所应聘岗位密切相关的素质要求和其应该达到的标准，再依据这些素质要求和标准构建评价中心的评价指标体系。

（3）建立相应的评价模型进行科学的测评

对人员综合素质评价属于多指标综合评价的一种，多指标综合评价是把多个描述被评价事物不同方面且量纲不同统计指标，转化成无量纲的相对评价值，并综合这些评价值以得出对该事物的一个整体评价。考虑到对人才素质测评一般是定量与定性相结合，且评价中心测评时是由测评者根据观测结果进行多方位评定，因而采用模糊综合评价方法建立教学模型更好一些。

（4）选择适当的测评方法，进行情景设计

因为评价中心是以情景模拟技术为核心的，因此模拟工作情景设计就成为评价中心开发工作中至关重要的环节，情景设计的优劣也会直接影响评价中心的评价效果，即会直接影响对应聘者能力素质测评的准确性。

（5）实施测评与观察记分

测评实施环节实质上是收集测评对象与拟评价的指标维度相关联数据资料的过程。首先布置好相关的测评场所及环境、准备好测评过程中所需要的各种道具、资料，然后主测人员指导测评对象进入模拟的测评情景，指示测评对象进行小组讨论、处理公文、扮演角色解决问题等。在此过程中，测评者按照评价中心的评价要求进行观察记分。

（6）综合各项指标进行最终评价

由于评价中心要求测评对象接受多项技术测评，因此，对某一测评对象的综合素质评价需要在所有的评价结束后，测评者综合分析测评对象在各项评价中心中的心理和行为表现，给定评价分。然后根据评价数学模型进行综合评定，最后由测评者讨论议定结果，写出评价报告并且将议定结果提交决策。

第二节 高校人力资源的战略规划

面对瞬息万变的内部外部环境，面对日益多样化的人力资源需求，各大高校日趋意识到加强人力资源战略管理的重要性和紧迫性。制订人力资源战略规划是高校人力资源战略管理的第一步，其在整个高校人力资源战略管理流程中占据着非常重要的地位。

一、高校人力资源战略规划概述

（一）高校人力资源战略规划的概念

高校人力资源规划指的是以学校总体发展战略为指导，按照学科建设目标的要求，分析本校现有人力资源的素质、年龄与性别结构、学缘、学历与职称结构以及创新性学术团队等因素，预测高校发展环境的变化及人力资源供给与需求状况，制定的相应的人力资源规划，包括短期、中期以及长期规划。

高校人力资源规划是高校战略规划的一个子规划，它是整体战略规划的中心内容，是实现学校战略目标的重要保证，是保障学校可持续发展的重要手段。而对于高校来说其人力资源管理的最核心的内容就是师资队伍的建设，所以，为了更好地理解高校人力资源规划的具体内容，下面我们以师资队伍建设规划为例来进行阐述。

（二）高校师资队伍建设规划的内涵

1.高校师资队伍建设规划的概念

高校师资队伍，建设规划是指高校在环境变化中通过科学的预测分析教师资源供给与需求状况，明确建设的指导思想与目标，制定必要的政策和措施，加强师资队伍的建设总体性方案，使学校组织和教师个体得到长期的利益。

2.高校师资队伍建设规划的内容

师资规划包括总体规划与具体计划。总体规划主要包括指导思想、总体目标、具体目标、主要措施等几部分，具体计划是对总体规划的分解，分院（系）、分年度、分项目制定。这里主要探讨总体规划问题。

（1）指导思想与总目标

指导思想是指定师资规划的灵魂，是指导制订规划的思想与理论基础。指导思想上有偏差，就会失去正确方向。以全面提高教师队伍素质为中心，以学科建设为龙头，以培养中青年学科带头人和骨干教师为重点，坚持依法治校、深化改革、调整结构、内涵发展的方针，遵循开放、创新、精干、高效的原则，建立促进教师资源合理配置与开发利用和优秀人才成长的长效机制，建设一支数量适当、结构优化、素质优良、富有活力的高水平教师队伍。

以学科建设为龙头是赋予师资规划在新的历史时期的新的内涵和创新要求。提升高等学校的综合实力和核心竞争力是高校面对机遇和挑战的重要应对策略。而提升综合实力与核心竞争力，关键在于高校的学科建设。学科在现代高校中已成为发挥教学、科研、社会服务三大功能的基本单位。学科建设的成败与优劣，直接影响高校的办学实力与核心竞争力。

因此，在师资队伍的管理与建设中，在指定规划与计划中，必须以学科建设为龙头。师资队伍管理要以学科为基本建设单位，学术梯队的形成，学术带头人和骨干教师的引进和培养，各种竞争激励措施的落实等都应围绕学科建设开展扎实有效的工作。要改变过去师资队伍管理中，以学校和院（系）为基本单位的重师资数量、重表层结构的做法。

建立长效的竞争激励和开发机制是确保师资规划取得实效和师资管理目标实现的关键因素。在当今社会倡导以人为本的背景中，充分调动每个教师的积极性、主动性和创造性是师资队伍建设的目的所在。通过建立以实行聘用、聘任制和考核为核心的竞争机制，以实行校内岗位津贴制度、择优使用与职务晋升为主体的激励机制，以培训培养为重点的开发机制，有力地调动教师的积极性。新的规划要努力克服以往"管理过死，约束过多"的状况。

相对具体化的目标的表述与确定对师资规划指定与实施起到纲领性作用。师资队伍建设的总目标，包括师资的数量目标、师资的素质目标、师资群体的结构目标、师资精神状态的目标等多方面，具体化的表述有利于目标的清晰，从而使总目标更好地发挥导向与激励作用。因此，各高校在指定总目标时，要力避简单化、笼统化。

（2）具体目标与主要任务

具体的目标与任务是师资规划的重要组成部分，它是对总目标的分解和细化，更具有操作性。它可以通过评价来检查规划实施后是否达到预定的目标。

第一，管理机制建设目标。建立健全和完善上述六种机制，对于高校师资队伍建设具有极其重要的意义。高校应结合学校实际，在社会的配合下，积极主动又慎重稳妥地建立和完善以上六种管理机制，使师资队伍的工作积极性和创造性得到进一步的发展，使师资队伍的总体素质得到进一步的提高，使师资队伍建设和管理收到更好的效果。

第二，总量与效益目标。根据高等教育发展趋势，全国高校普遍进行了扩大招生。与此相适应，全国各高校的教师需求总量也相应增加。在进行师资规划时既要考虑扩招后师资总体的递增要求，又要考虑规模扩大后的规模效益提高问题。

第三，结构与素质目标。从目前师资结构现状看，学历结构比例的达标在短期内尚有较大困难，特别是地方性的一般院校和新办的高校学院难度更大。高校要根据研究生教育发展的形势，抓住机遇，采取有效措施，努力达到教育主管部门提出的学历结构目标要求。

第四，学术梯队建设目标。高校要根据学科建设和专业建设的要求建设学术梯队，包括高层次高水平的学科带头人队伍、具有优良素质和能承担创造性工作任务的学术骨干队伍和具有发展潜力的学术后备力量。在学术梯队建设目标中，要突出培养各级学科带头人这一重点。各高校要根据自身办学层次和追求的目标，分别提出培养各级学科带头人的目标要求、待遇和保障目标。高校要在政府和社会的支持和帮助下，通过自身的努力，不断提高教师的待遇。

（3）主要措施

根据师资规划的目标要求，高校须采取各种有效措施，加大建设力度，以促进各项目标任务的完成。各校实际不同，采取的措施也可有不同的重点、不同的方法和形式。这里从组织保证、财力保证、制度建设和确定工作重点四方面加以阐述。

第一，组织保证。加强师资队伍建设与管理工作，需要组织来保证。高校教师属于高层次人才，高校师资管理也必须坚持党管人才的原则。党委要在师资队伍建设与管理中起领导核心作用，要充分发挥其组织的思想政治优势、组织优势和密切联系群众的优势，为做好师资工作提供坚强的政治保证。党委管师资，主要是管宏观、管政策、管协调管服务，重点做好制定政策、整合力量、营造环境的工作，努力做到用事业造就人才、用环境凝聚人才、用机制激励人才、用法制保障人才。校长亲自抓师资队伍建设和管理工作，这是法律赋予的权利和义务。学校人事和师资管理部门作为职能部门，要在党委和校长的领导下，解放思想，开拓创新。要进一步明确职责任务，采取有效措施，加大建设、管理和开发力度，其他各相关部门，如教务处、财务处、后勤管理办公室等部门要积极配合，主动协助做好师资管理院（系）在师资管理与建设中应发挥重要作用，院（系）的党政领导班子在师资管理与建设中，要进一步增强责任意识，加大本院（系）师资队伍建设的力度。

第二，财力保证。师资队伍建设与管理工作，离不开财力的支持。师资引进、师资培养、师资使用和师资经济待遇的提高等方面都需要财力加以保证，在市场经济背景下，在国际国内人才竞争日益激烈的条件下，高校的师资队伍建设与管理工作，更需要有较大的财力投入，才能取得好的建设效果。因此，学校要加强预算，有重点地加大经费的投入力度，保证师资队伍建设与管理的需要。

第三，制度建设。为了实现总目标，特别是达到总目标中建设富有活力的高水平师资队伍的要求，制度建设至关重要。这里涉及一系列关于补充和引进、培养和培训、考核与奖惩、工资与津贴、福利与社会保险等方方面面的制度。高校要根据本校实际，深入调查研究，在建立完善培养机制、评价机制、选拔任用机制、人才流动机制、激励机制和保障机制的总体要求下，有重点地制定一系列具体的执行性制度。

第四，确定工作重点。根据抓主要矛盾的哲学原理，在众多的措施和具体工作中，要善于抓住工作重点，推进师资队伍建设。

一是要依法管理。在教师资格认定、职务聘任、培养培训、流动调配、考核奖惩、工资待遇、申诉与仲裁等主要环节上实现依法管理和依法执教。二是加强教师的思想政治工作，提高教师职业道德水平。三是实施"高层次创造性人才工程"，加强骨干教师队伍建设。高校要围绕学科发展和教学改革，根据加强基础学科、重点发展应用性学科、有针对性地发展新兴学科和边缘学科的方针，采取政策倾斜。通过多种方式，加速培养中青年骨干教师和学科带头人。具体办法有建立特聘教授岗位，选拔和培养国家、省和校级学科带头人和骨干教师，设立优秀青年教师教学和科研奖励基金等各种基金，建立重点实验室和开放实验室访问学者制度，选拔高校管理骨干和实验室骨干作为高级访问学者到国外著名高校进行研究交流等。四是强化教师培训，提高教师队伍素质。五是调整师资队伍结构，优化教师资源配置。六是以人事制度改革为核心，深化学校内部管理体制改革。七是采取有效措施，大力改善教师地位和生活工作条件。八是建立和完善教师工作的支持系统，如管理信息系统、服务体系等。

上述八大工作重点，对于师资队伍建设与管理目标的实现起到重要的作用。从这八大工作重点中，我们也可以清楚地看到，有三个基本内容贯穿于八大重点工作之中，它对于实现师资规划的目标起到基本途径的作用，即培养、引进和调整。

二、高校人力资源战略规划的作用与意义

（一）高校人力资源战略规划的作用

高校人力资源战略规划对高校人力资源管理起着非常重要的作用。主要体现在以下几个方面。

首先，高校人力资源战略规划是学校总体规划的重要组成部分，有利于高校目标的实现，通过师资规划的科学制定与认真执行，有力地促进学校总体规划的制定与实施，从而为实现办学目标发挥人力资源的基础性作用。

其次，高校人力资源战略规划是师资补充、引进的依据，有利于高校人力资源的合理配置。在规划中，具体地规定了师资的数量、素质、群体结构需求等内容，这就为师资的补充、引进提供了依据。

最后，高校人力资源规划战略是教师人力资源发展的基础，为教师职业生涯发展提供重要的参照。人力资源发展包括人力资源预测、人力资源补充与人力资源开发三个基本环节。师资规划制定与执行是一个师资需求预测的过程，也是根据预测的结果进行补充与引进的过程。同时，对已有人员根据目标的要求进行培训、培养，使广大教师的潜力得到进一步挖掘，素质得到进一步提高，从而使教师人力资源得到进一步开发，有利于人力资源效益的提高。师资规划可以对现有与未来人力资源的数量与结构进行分析与预测，找出影响教师人力资源有效运用的关键因素，使人力资源效能充分发挥。

同时，减少人力资源的浪费，降低教师资源在办学成本中的比重。

（二）高校人力资源管理战略规划的重要意义

研究制定和规划实施符合学校发展长远目标的人才战略是高校人力资源管理的核心。高校人力资源管理战略规划为高校人力资源管理和建设提供了政策依据，是保障高校实现可持续发展的重要措施。

1.竞争日益激烈，要求高校必须做好人力资源战略规划

高校资源的市场化程度和高校之间的资源竞争会日趋激烈，这就要求高校必须做好高校发展战略规划，而高校人力资源管理战略规划又是高校发展规划的中心建设内容，只有做好人力资源战略规划，才能提高高校的核心竞争力，才能在竞争日益激烈的环境中立于不败之地。首先，高校发展水平是办学质量与效益的竞争，高校需要准确地设计自己的发展目标，选择合适的发展方向，提高质量以同他人竞争，因此，高校自身发展迫切需要科学合理的规划来指引。其次，高校的发展，必须获得政府投入和社会资本的投入，也需要尽可能制定能够在最大限度上满足各方需要的发展规划。最后，竞争日益激烈要求高校认真制定发展规划，使自己在资源争夺战中立于不败之地。

2.高校人力资源战略规划是高校人力资源建设的重要政策指导

高校人力资源管理战略规划要求制定详细的发展规划措施，并把每一个目标或一组意图分解到各个步骤中，然后对各步骤予以细化，将每一个目标详细阐述，并预期每一步骤可能产生的结果。高校人力资源管理战略规划是高校人力资源建设最重要的政策指导依据。在高校人力资源建设的过程中，必须按照规划的指引与要求，采取步骤逐步实现既定的目标。而且，科学的人力资源建设规划已充分预见了外部环境的可能变化并提出相应的对策，为人力资源建设留有相应的余地，因此，即使外部环境有所调整，也只要严格按照规划的指引与要求，就能建设一支符合高校需要人力资源队伍。

3.为教职工职业生涯发展提供重要的参照

职业生涯规划是指个人发展与组织发展相结合，对决定一个人职业生涯的主客观因素进行分析、总结和测定，确定一个人的事业奋斗目标，并选择实现这一事业目标的职业，编制相应的工作、教育和培训的行动计划，对每一步骤的时间、顺序和方向做出合理的安排。引导教职工职业生涯设计和

再设计是学校的重要职责，教职工应根据自身特点建立清晰明确的职业发展目标与发展道路，提高工作的主动性、积极性和针对性，从而促进个人职业目标和组织目标的共同实现。人力资源建设规划为教职工职业生涯发展提供了明确的发展导向与目标，教职工可以根据学校的人力资源建设规划，分析自身利弊，为自己在职业生涯规划中设计好明确的定位与方向，对教学、研究和学习等方面进行统筹规划。

三、高校人力资源管理战略规划的原则

为了更好地制定高校人力资源管理战略规划，必须遵循以下几个原则。

（一）服务学校战略原则

要树立学校规划的观念，摒弃部门规划的观念，从学校整体发展需要出发编制规划，而不是从部门工作需要出发编制规划。在具体的制定过程中，要以学校发展战略为指导，以学科建设目标为要求，深刻分析人力资源的现状，制定人力资源建设规划。学校发展战略决定了学科建设目标，而学科建设目标的实现离不开人力资源的支撑，人力资源建设规划紧紧围绕着学科建设目标。人力资源战略规划既服从于学校发展战略，又影响着学校发展战略规划。

一方面，高校战略决定了人力资源规划，决定着人力资源规划的数量和质量，决定着人力资源规划的规模。另一方面，人力资源规划对高校战略有反作用。符合高校战略发展的人力资源规划，能够促进高校战略的实现；脱离高校发展战略的人力资源规划，对高校战略的实现起阻碍作用。虽然人力资源规划是在高校战略目标确立后开展的，但并不意味着它是一个被动的过程。人力资源规划能预见高校内部和外部环境的变化，并在这些变化发生前制订计划以确保高校战略的成功实施。在人力资源规划过程中，获取的信息往往对于整体战略的可行性起着重要的论证作用，高校可以根据这些信息对战略进行及时的调整，以确保战略目标的最终实现。

（二）规范程序原则

规范程序是内容科学的基本保证，通过履行规范的程序，提高规划的深度和水平，切实发挥规划应有的作用。规划编制程序包括前期工作，立项、起草、衔接、论证、批准、公布、评估、修订和废止等环节。高校人力资源管理战略规划也必须按照程序规范的原则制定，尤其是程序当中的论证与评

估这两项工作，是确保高校人力资源管理战略规划科学合理的重要保证。

（三）前瞻性和可操作性原则

高校人力资源管理战略规划要体现前瞻性和可操作性原则。高校人力资源管理战略规划是要面向未来的，要表明未来时段的事业发展状态，因此要有超前意识，要有预见性，要对未来的状况做出适当的预测；规划要从实际出发，但不是实际的复制，不能过于迁就实际，而是要在实际的基础上提出发展的要求，创造发展的条件，制定发展的措施，这就是前瞻性原则。所谓可操作性，就是说规划要能够在现存的或可能的条件下付诸实施，而且需要将目标分解到每一个步骤当中，不能盲目追求高目标，结果造成可操作性不强，使人力资源战略规划成为空想。为此，高校人力资源管理战略规划必须有相应的指标体系，要有可以获得和测量的可比性数据，要有具体的、可以实施的对策与措施。

四、高校人力资源的供给和需求分析

高校人力资源规划一般包括两个方面的预测，人力资源需求预测和人力资源供给预测。

（一）高校人力资源需求预测

高校人力资源需求预测是以高校的战略目标、发展规划和工作任务为出发点，综合考虑各种因素的影响，对高校未来人力资源的数量、质量和培养时间等进行和评价的活动。它是高校招聘选拔工作的起点，其准确性对招聘选拔工作有决定性作用。

1.人力资源需求的影响因素

人力资源需求的影响因素主要有三大类：高校外部环境、高校内部环境、人力资源自身状况。

（1）高校外部环境

影响高校人力资源需求的外部因素主要包括经济、社会、政治、法律以及竞争者等。外部因素的影响主要是间接的通过内部因素发挥作用。

经济环境包括未来的社会经济发展状况、经济体制的改革进程等，它对高校人力资源需求的影响较大，但可预测性较弱；社会、政治、法律因素虽容易预测，但何时对组织产生影响却难以确定：技术环境的变化会影响组织的技术水平等，从而间接影响人力资源的需求；竞争对手的易变性导致社会对组织产品需求的变化，也会影响组织人力资源的需求。

（2）高校内部环境

高校的内部环境主要包括高校的战略规划、新学科的增加、对高层次人才的需求、高校学科结构的变化等，是影响高校人力资源需求的最重要的内部因素，对高校人力资源需求产生直接的影响。

（3）人力资源自身因素

高校人员的状况对人力资源需求量也有重要影响，如退休、辞职、解雇人员的数量，合同期满后终止合同的人员数量，死亡、休假人数等都直接影响人力资源需求量。

2. 人力资源需求预测方法

人力资源需求预测一般分为两大类：主观判断法和定量分析预测法。

（1）主观判断法

这是一种较为简单、常用的方法。这种方法是由有经验的专家或管理人员进行直觉判断预测，其精度取决于预测者的个人经验和判断力。以往因为环境变动速度不大，当组织规模小，尤其是在缺少足够的信息资料时，它不失为一种简单、快速的方法。但在现代多变的社会，组织的内外环境日益复杂，经营管理方式与科学技术日新月异，单凭个人经验难以得出满意的结果。所以，现代的主观判断往往邀请众多专家共同作为预测者，以综合多人的智慧、经验和信息，得到满意的结果。但它存在着人际关系、群体压力的缺点，同时也很难把一大批专家在同一时间集中在一起。在实践中被广泛使用的是德尔菲法。

（2）定量分析预测法

这种方法利用数学和统计学的方法进行分析预测，常用的、较为简单的有以下几种。

第一，工作负荷法。工作负荷法也叫比率分析法，即按照历史数据，先算出对某一特定的工作每单位时间每人的工作负荷，再根据未来的生产量目标计算出所完成的总工作量，然后根据前一标准折算出所需人力资源数。

第二，回归分析法。该法的基本思路是确定与组织中的人力资源需求量高度相关的因素，建立回归方程；然后根据员工变动的历史数据，计算出方程系数，确定回归方程；再根据此方程对未来组织人力资源的需求量进行预测。回归模型包括一元线性回归模型、多元线性回归模型和非线性回归模型。一元线性回归是指只有一个因素与人力资源需求量高度相关，这种方法是最简单的回归，也称为趋势分析，常以时间或产量等单个因素作为自变量，人力数作为因变量，且假设过去人力的增减趋势保持不变。多元线性回归是只有两个或两个以上的因素与人力资源需求量高度相关。如果人力资源需求量与其相关因素不存在线性关系，就应该采用非线性回归模型。

人力资源规划的一个关键是预测劳动力的老化和雇员的离职情况。人员减少量是辞职人数、解雇人数、调离人数和退休人数的总和。在预测雇员离职规模时，还应区分不可避免的和可以控制的两类情况以及随着时间的推移各个不同的工作岗位上员工正常的流动率。还需要指出的是，不论使用什么预测方法，都是以函数关系不变作为前提的，但这经常是不符合实际的，因此，需要管理人员的主观判断进行修正。

（二）高校人力资源供给预测

高校人力资源供给预测主要来自两方面：一是高校内部人力资源供给，如人员晋升、调动等预测；二是高校外部人员补充的预测。

1. 影响高校人力资源供给预测的因素

（1）影响高校人力资源供给预测的内部因素

高校内部人力资源供给是高校人力资源供给的重要来源，高校人力资源需求的满足，应优先考虑内部人员资源供给。高校内部人力资源供给应考虑下述三个方面的因素：高校内部人员的流失、内部流动、调往外单位。

（2）影响高校人力资源供给预测的外部因素

由于高校内部的自然成员及办学规模的扩大而形成的职位空缺不可能完全通过内部供给解决，这必然需要不断从外部补充人员。高校外部人力资源供给的来源主要有大专院校应届毕业的博士、硕士、学士等毕业生，留学回国人员，复转军人，引进的人才及其配偶，其他组织人员等。

大专院校应届毕业生的供给较为确定，主要集中于每年的 6 ~ 7 月，其数量、专业、学历和层次等均可通过各级教育部门获取，预测工作容易；留学回国人员有限也较易预测；复转军人，一般是由国家指令性安置，也较易预测；对于外单位流入的人才及配偶的预测则需要考虑诸如社会心理、个人择业心理、学校本身的经济实力及同类高校人员的各种保障、激励因素等。

2. 人力资源供给预测的方法

劳动力的供给分析与劳动力的需求分析的一个重要差别就在于需求分析是研究组织内部对于人力资源的需求，而供给分析则需要研究组织内部的供给和组织外部的供给两个方面。在供给分析中，首先确定各个工作岗位上现有的员工数量，然后估计下一个时期在每个工作岗位上留存的员工数量，这就需要估计有多少员工将会调离原来的岗位甚至离开组织。实际情况往往比较复杂，因此，在进行内部劳动力供给预测时，就需要用人力资源的计划人员的主观判断来进行修正。常用的内部劳动力供给预测方法有以下几种。

（1）技能清单

技能清单是一个用来反映员工工作能力特征的列表，这些特征包括培训背景、以前的经历、持有的证书，已经通过的考试、主观的能力评价等。技能清单是对员工竞争力的一个反映，可以用来帮助人力资源的计划人员估计现有员工调换工作岗位的可能性的大小，决定由哪些员工来补充企业当前的空缺。企业的人力资源规划不仅要保证为企业中空缺的工作岗位提供相应数量的员工，同时还要保证每个空缺都有合适的人员来填充。因此，有必要建立员工的工作能力记录，其中包括基层操作员工的技能和管理人员管理能力的种类及所达到的水平。技能清单的一半作用是服务于晋升人选的确定、管理人员的接续计划、对特殊项目的工作分配、工作调动、培训、工资奖励计划、职业生涯规划和组织结构分析等。

（2）管理人员接替模型

这是预测组织内部管理人员供给的简单而有效的方法。该方法被认为是把人力资源规划和组织战略结合起来的一种有效的方法。该方法形成的职位置换图，以图表的形式详细记录了各个管理人员的当前工作绩效、晋升的可能性和所需要的训练等内容。通过它，可以清楚地看到组织内部各岗位的空缺及员工候补的情况，为组织内部人力资源供给预测提供了依据。

（3）外部人力资源供给预测方法

当企业内部的人力供给无法满足需要时，企业就需要了解企业外部的人力供给情况。这包括三个主要方面：第一，宏观经济形势，主要了解劳动力市场的供求情况，判断预期失业率。一般来说，失业率越低，劳动力供给越紧张，招聘员工就会越难。这一步可以参考政府机构和金融部门的公开出版物。第二，当地劳动力市场的供求状况。第三，行业劳动力市场的供求状况，据此可以了解招聘某种专业人员的潜在可能性。

（三）高校人力资源供求综合调控平衡

人力资源供求平衡是人力资源规划的主要目的，供求预测就是为了制定具体的人力资源供求平衡规划而服务的，人力资源供求预测结束后，一般会出现四种情况：一是人力资源供大于求；二是人力资源供小于求；三是人力资源供求平衡；四是人力资源总量平衡，结构失衡。

1. 高校人力资源供大于求

高校人力资源过剩主要表现在行政管理人员过多，高校人力资源管理部门可对高校内过剩的人员按年龄、知识结构、道德行为进行分类，根据分类情况采用以下举措。

第一，对有培养前途的人员加强培训，充实到教师和教辅队伍中去。第二，对思想意识特别差、法制观念特别不强、道德行为不规范的员工，实行永久性辞退。第三，对一部分有管理能力和专业技术的人员，可以鼓励他们到校办产业或后勤服务部门去。

2. 高校人力资源供小于求

目前高校面临的主要问题是教学人员短缺、教师缺口大，人力资源管理部门可采取如下做法：从符合条件的管理人员中培训补充；提前预测需求，在大专院校毕业生中招聘；制定相关优惠政策，积极引进优秀人才；在离退休教职工中，身体状况良好的返聘到教学岗位；适量增加现有教师的劳动时间和工作量，并制定相应的报酬政策。

3. 高校人力资源供求平衡

高校人力资源供求完全平衡这种情况是极少见的，原因在于人员的年龄结构、知识结构、技术结构、管理能力等均处于动态变化的不平衡状态中。因此，仅从理论上说，高校人力资源供求平衡，是高校人力资源规划部门合理调整人力资源结构而取得的人力资源的相对供求平衡。

4. 高校人力资源总量平衡，结构失衡

人力资源供求结构失衡表现为高校有些部门或岗位出现员工过剩，而另一些部门或岗位存在着人员不足。可以采取以下措施。

第一，通过学校内部人员的合理流动，以满足空缺岗位对人力资源的需求。第二，对过剩员工进行有针对性的培训，使其转移到人员短缺的岗位上。第三，进行学校内外人力资源流动，以平衡人员的供需，即从学校外部招聘合格人员以补充到相应的岗位，同时将冗余人员从学校中清除出去。

五、高校人力资源规划的编制及其实施

（一）高校人力资源规划的内容

任何一个总体规划都离不开各个子系统规划的支持，高校人力资源规划同样离不开子规划的支撑。只有制定出合理的作为人力资源规划组成部分的子规划，才能制定出科学合理且可行性强的人力资源总规划。高校人力资源规划可以大体分为岗位职务设置规划、外部人员补充规划、内部人员流动规划、退休解聘规划、职业生涯规划、培训开发规划、绩效评估规划、薪酬激励规划、校园文化规划等。

1.岗位职务设置规划

所谓岗位职务设置规划，是指根据高校内外环境变化和发展战略目标，通过合理的机构设置、定编定岗、人员聘用等方式科学有效地配置人力资源，实现以"人适其事、事得其人、人尽其才、才尽其用"为目标的规划。主要包括机构设置规划、定编定岗规划、人员聘用规划等。

（1）机构设置规划

根据有关文件精神，高等学校可以根据实际需要和精简、效能的原则，自主确定教学、科研、行政职能部门等内部组织机构的设置和人员配备。学校管理机构根据学校的层次和规模，原则上设 10 ~ 20 个学校管理机构职数，一般掌握在机构设置数的 2.5 倍以内。

（2）定编定岗规划

旧有的定编定岗方法只是简单地照搬照套主管部门下达编制数时所附加的各种限制性规定，然后按一定比例分划给各个二级机构，最多是在这个基础上再根据各单位的现有人员数与历史经验予以个别调整，其结果必然是各单位满编之日，就是整个学校编制数被突破之时。因此，长期以来各高校普遍存在长年累月不断忙于重新修订校内各单位编制（岗位职数）方案。这就需要：人力资源部门探索一套新的定编定岗方式。

（3）人员聘用规划

首先，全面推行全员聘任制。在定编定岗的基础上，按照"岗位公开、

双向选择、平等竞争、择优聘用、合同管理"的原则，实行全员聘任制。学校和教师按照国家的有关法律、法规，在平等自愿、协商一致的基础上，通过签订聘用合同，确定单位和个人的人事关系，明确单位和个人的义务、权利。通过建立和推行聘用制度，实现用人上的公开、公平、公正，促进单位自主用人，保障职工自主择业，维护单位和职工的合法权益。同时对不称职而又教育无效的人员予以解聘下岗。

其次，推行人事代理制度。人事代理制度是市场经济条件下产生的一种新的人事管理模式，运用社会化服务方式和现代化科学手段，按照一定的法律程序和政策规定，代办有关人事业务。通过将人事关系管理和人员使用分离，将"单位人"变成"社会人"，摆脱了人事关系、档案等的束缚，形成"能进能出"的良性机制，减轻了单位机关负担的各项社会福利保障职能的压力。

最后，推行机关部处负责人竞争上岗制度。这样就可以为党政机关优秀骨干人员晋职加薪开辟渠道，建立富有活力的用人机制，避免党政机关工作人员熬年头，凭身份资历获取报酬的弊病。

2. 外部人员补充规划

所谓外部人员补充规划，是指根据高校内外环境变化和组织发展战略，通过有计划地吸收高校外部人员，从而对高校中长期内可能产生的空缺职位加以补充的规划。

对比预测的人力资源需求与供给的结果，分析高校未来有划哪些岗位将空缺。如果没有合适的内部人员胜任这些岗位，就要考虑从外部招聘人员作为储备；如果有合适的内部人员接任，则要考虑调动内部人员后又会出现哪些职位空缺，最后空缺的职位也必须从外部吸收人员补充。因此，只要供小于求，就要考虑吸收外部人员，以备填补直接空缺或间接空缺的岗位。

制定外部人员补充规划的目的是有计划地吸纳外部人员补充未来空缺职位。外部人员补充规划不仅是简单地计划需要引进什么人员、引进多少人员，还要配合制定一系列的计划以保证能招到合适的人力资源，根据规划的步骤和内容，可以将外部人员补充规划再分成两个子规划，即招聘规划和甄选规划。

（1）招聘规划

招聘规划是招聘的主要依据。制定招聘规划的目的在于使招聘更趋合理化、科学化。由于人员招聘直接影响到高校人力资源开发与管理的其他步骤，招聘工作一旦失误，以后的工作就难以开展，高校也将得不到非常优秀的人才，高校的生存和发展就会受到威胁。

首先，根据对高校人力资源的预测来制定教师招聘规划。招聘规划是用人部门根据部门的发展需要、人力资源规划的人力净需求、工作说明书的具体要求，对招聘的岗位、人员数量、时间限制等因素做出详细的计划。招聘规划的制定一般包括确定招聘原则、招聘决策、招聘渠道、招聘预算、招聘规划的具体内容等方面。招聘规划由学校用人部门制定，然后由人力资源管理部门对它进行复核。

其次，检查和修订教师招聘规划。包括对合法性、可行性和合理性的检查和修订，任何招聘规划都必须在遵守宪法和法律的前提下来制定和实施，必须合乎相关法律法规，这些应由各个部门协作完成，以保证招聘工作能够高效完成。

最后，执行招聘规划，听取反馈信息。在执行的过程中，要及时地收集反馈信息。招聘的反馈信息主要来源于应聘者对招聘过程的反应、态度、意见和建议；实际录用人员的素质、表现等；招聘人员在执行招聘规划过程中遇到的问题等。对这些反馈信息要及时进行收集、整理，并加以分析，从而更好地改进以后的招聘规划工作。

（2）甄选规划

甄选是从所有来应聘职位的候选人中进行选择的活动。招聘为组织吸引众多的应聘者，也就是促使求职者选择本职位；甄选是要在所有应聘者中选出最符合岗位需要的人员，也就是高校选择求职者。甄选是紧随招聘之后的活动，两个环节各有偏重。甄选的程序因招聘规模、用人理念、工作种类等不同而有所差异，但主要的步骤大致相同：制定聘选标准，选择甄选方法，做好甄选准备，审查应聘者材料，测试，面试，体检，发出录用通知，试用考察，正式录用。

3.内部人员流动规划

所谓内部人员流动规划，是指根据高校内外环境变化和组织发展战略，通过有计划的高校内部人员流动，实现在未来职位上配置内部人员的规划。内部流动可以促进高校"血液循环"。

高校内部的人员流动可以归为三种类型：晋升、调动和降职。前两种流动特别是晋升为经常出现的，后一种流动则较少使用。这里主要介绍一下最常使用的晋升规划。晋升是大家普遍熟悉的流动方向。晋升规划包括职务和职称晋升。在职务晋升中，对那些有管理能力，在学术上有建树的教师要大胆起用，满足职务对人的需求和教师追求自我价值实现的需求。在职称晋升中，要为符合相应职称晋升条件的教师提供良好的晋升环境，创造积极向上的学术范围，满足人才优化配置和机构合理性的需求。在晋升中，既要保证质量，避免名不副实，又要防止硬化，使教师看不到发展前途，积极性受到挫伤。晋升规划的目的就是要人尽其才，才尽其用，最大限度地发挥教师的积极性和能动性。

4.退休解聘规划

所谓退休解聘规划，是指根据高校内外环境变化和组织发展的战略，有计划地让达到退休标准的人员和不合格人员离开学校，从而使高校的人员结构更优化、更合理的规划。可分为退休规划和解聘规划。人们对这类规划的重视程度远不如前面谈到的两类，总是认为其迫切程度低，具有消极意义，执行很困难。然而，事物常常具有两面性，只是在于人们善于发现与否。退休解聘规划虽然总让人有不愉快的联想，但如能加以利用，一样具有积极的一面。

（1）退休规划

退休规划有利于安排人员，制订接班人计划。在一份详细的退休规划中，可以清楚地看到每年将有多少人退休，这些人将离开哪些岗位。出现的空缺岗位，正是对人力资源的需求。因此，退休规划是人力资源需求预测的基础，而且是人力资源需求预测中最稳定、最精确的一部分。

（2）解聘规划

解聘往往被看成学校的被迫行为，长期忽视了它积极的一面。如果能够认识到解聘的意义，设计合理的解聘规划，可以达到让员工安心工作、淘汰不合格员工、促进内部竞争的目的，不过这取决于学校的解聘标准。只要制定的解聘标准合情合理，并且得到有效执行，不但可以发挥积极作用，而且可以得到教师的理解和支持。解聘标准主要有四个方面：法律标准、工作绩效标准、工作能力标准、工作态度标准。

5. 职业生涯规划

所谓职业生涯规划，是指根据高校内外环境变化和发展战略引导教师职业发展方向，教师根据个人能力、兴趣、个性和可能的机会制定个人职业发展规划，由高校安排教职工职业发展的规划。

职业发展规划具有明显的个人特征，目的是促使个人目标与组织目标一致。在设计职业生涯规划时，同时要考虑到环境、组织和个人三个层面。对于环境，必须积极配合；对于组织和个人，则可进行优化。它是一项系统的、长期的、持续的，有弹性的规划，影响着员工未来行为和组织未来计划，因此，应有计划有步骤地设计与实施。

首先，分析环境因素、组织因素、个人因素。分析宏观环境，预测未来人力资源市场的供给与需求，重点关注那些可能是稀缺专业的人力资源，同时，分析未来的外部环境，预测高校可能发生的重要变化；分析组织的发展战略和与之相适应的高校人力资源规划，从大体上制定为二者服务的职业生涯规划，同时关注高校其他方面可能的变化，预测对教师职业生涯发展的影响；通过教师的自我分析和组织测评，掌握教师的基本情况，包括教师的人格、知识、能力和意愿等等，这是量身定做教师职业生涯规划根本保证。

其次，设计职业生涯规划。根据职业生涯各阶段的特征和规律，结合教师的个人情况，设计符合高校发展需要的职业生涯发展规划，促使高校发展与个人发展相一致。

再次，执行规划。组织应制定切实可行的执行程序，提供相应的资源、方法和方案。为了促使教师实现个人目标，组织可提供相应的支持，如相关信息、必要培训、晋升机会等等。组织引导和支持教师实现个人目标的同时，实际上也是支持组织目标的实现。最后，评估规划。定期将执行结果与规划目标相比较，寻找两者之间的差距。

一方面要分析产生差距的原因，另一方面要根据现实情况调整职业生涯规划，保证规划切实可行而又有鼓励作用。总结经验和教训，提高高校未来制定和实施职业生涯规划的水平。

6. 培训开发计划

所谓培训开发计划，是指根据高校内外环境变化和高校发展战略，考虑教师发展需要，通过对教师有计划地培训和开发，提高教师能力、引导教师态度，使教师适应未来岗位的规划。培训与开发是两个既有联系又有区别的概念，它们各有偏重。一般而言，培训主要针对普通员工，而开发主要针对管理人员等核心成员。但二者的目的一致，即提高能力和转变态度。任何一个寻求发展的组织都应该合理地培训与开发，它是具有高额回报的投资。

在培训开发需求分析的基础上，制定培训开发规划。首先要测算成本效益，规范培训经费的投入方向。培训规划应该结合学校的财力、教师队伍结构现状、学校的远景规划来制定，以保证经费投入的最优化产出，同时，要围绕学科建设来进行，以确保培训有利于学校的发展，有利于提高教师的整体素质，有利于改善师资队伍学历、职称结构，有利于学科梯队建设，有利于骨干教师和学科带头人的培养。

其次，确定培训形式。按照理论联系实际的原则，根据学校具体情况采取多种形式进行培训，针对不同层次的教师进行不同形式、不同内容的培训，分别采取学历与非学历、短期与长期、定期与不定期、校内与校外、国内与国外等培训相结合的多种培训模式，加强培训的针对性，以促进形成多层次、多渠道、全方位的培训格局。对新参加工作的青年教师，主要进行岗前培训、教学与管理基本技能培训，使其尽快适应教学与管理工作，尽快提高教学与管理水平；对青年教师鼓励其参加高层次的学历培训，鼓励他们考研究生，对讲师或副教授等骨干教师和学科带头人、中层以上管理人员应积极组织参加高层次的研修班，促进教育和谐发展，及时更新教育思想、管理观念和专业知识，了解学科发展的前沿动态，学习新的管理方法，进一步提高其教学、科研和管理水平。同时还可发挥学术研究会的作用，将一批重要的学科和专业列入研究范畴，以专题学术报告的形式聘请知名专家、学者来校做报告，让教师不出家门，在参与学术活动中开阔视野。

再次，激发培训主体的自发性。培训是高校教师成长的必经阶段，是国家、学校和教师个体行为的整合。加强对教师的鼓励和引导，促使其产生接受培训学习的内在动力，牢固树立"活到老，学到老"的观念，把不断学习当成义务，逐步把自身培训转换为自发行动。大多时候人们往往会受制于自己的心态和周围的环境，所以激发培训主体的自发性要从改变培训理念开始，唯有自发意识下的培训行为才能达到最好的培训效果。

最后，考核培训绩效。目前，教师培训往往是有组织无考核，且有的培训并非与教师本身的意愿相一致，教师学习的积极性不高，有的培训甚至被当成休假、福利一样。所以要尽快对学历学位、教学方法、知识结构、科研成果等进行量化考核。考核结果要与职务聘任、提高待遇、经费报销等挂钩，以保证培训的有效性，避免资源浪费。只有通过考核评估，才能清楚地知道培训开发活动是否有效，才能为今后制定和实施该方面活动提供有益的参考。

7.绩效评估规划

所谓绩效评估规划，是指根据高校内外环境变化和发展战略，为了把组织目标、部门目标和个人目标紧密地结合起来，形成一个高效的目标工作系统，以确保整体目标的实现，制定一系列考核标准和程序来评估教师的工作态度、工作表现、工作能力、人际关系和工作结构等的规划。绩效评估既是检验人力资源管理活动的手段，又为人事决策和改进人事管理提供依据。我们要在综合分析的基础上，建立起一种适应不同类型、不同层次的科学的绩效评估规划。

首先，建立科学合理的绩效评估指标体系。绩效评估指标体系的建立既要考虑经济效益又要兼顾社会效益，既要考虑基础学科又要兼顾前沿学科，能量化的指标要量化，定性的指标也应与分值和权重对应。另外，随着时代的发展变化，指标还需要动态化。

其次，科学地组织绩效评估程序。根据绩效评估指标，通过"自我评估学生（群众）评估—基层组织评估—单位评估小组评估—校评估领导小组审核—公布评估结果"等步骤对全校人力资源进行合理的全方位评估，在每一步的评估中都应及时将有关信息反馈给个人和基层组织，使评估程序公开化、透明化，做到公正，公平、公开，便于使被评估对象不断调整自己、优化自己，向发展目标接近，从而达到人力资源优化的目标。

再次，建立与绩效评估相结合的奖惩机制。学校应该结合评估的结果建立起评估激励机制，将评估结果与体现个人价值的职称聘任、选拔学科带头人、个人收入等挂钩，对成绩突出的要重奖，不合格或不能完成任务的要受到相应处罚。但所谓的奖惩并非都是物质方面，有时荣誉更会带来高于一切的效益。

8. 薪酬激励规划

所谓薪酬激励规划，是指根据高校内外环境变化和发展战略，为了使教师结构保持在一个恰当水平，为了提高教师工作绩效，为了激发教师工作热情，制定一系列的薪酬激励政策的规划。科学、有效的薪酬激励规划应包含以下几个方面的内容。

第一，建立薪酬激励规划的出发点是满足教师的个人需要。设计各式各样的奖酬形式，并设计具有激励特性的工作，从而形成一个激励因素集合，以满足教师个人的外在性需要和内在性需要。第二，建立薪酬激励规划的直接目的是为了调动教师的积极性、主动性和创造性，其最终目的是为了实现组织目标，谋求组织利益和个人利益的一致。因此，要有一个组织目标体系来指引教师效果。第三，建立薪酬激励规划的核心是分配制度和行为规范。分配制度将激励因素集合与目标体系联系起来，即达到特定的组织目标（即绩效标准）将会得到相应的奖酬。行为规范将教师的性格、能力、素质等个性因素与组织目标体系联系起来，行为规范规定了个人以一定的行为方式来达到一定的目标。内外奖酬是否能满足教师的需要，在于学校通过对教师的业绩进行科学的考评后能否给予公平的奖励。第四，建立薪酬激励规划的效率标准是使激励规划的运行富有效率。决定薪酬激励规划运行成本的是其运行所需的信息。信息沟通贯穿于薪酬激励规划运行的始末，特别是组织在构造激励因素集合时，对教师个人真实需要的了解，必须充分进行信息沟通，通过信息沟通，将个人需要与激励因素联系起来。第五，薪酬激励规划的最佳效果是在较低成本的条件下达到激励相容，即同时实现教师个人目标和组织目标，使教师个人利益和学校利益达到一致。

9. 校园文化规划

任何一项规划，其制定、执行、评价的过程都会不由自主地带有某种风格。事实上，贯穿于始终，体现于整体及细微，融合于表层和内在的风格，就是组织的文化。人力资源管理非常重视组织文化建设，组织文化是指组织在长期的生存和发展中所形成的，为组织多数成员所共同遵循的最高目标、基本信念、价值标准和行为规范。对于校园文化，多数学者都是从学生角度进行阐述的，校园文化与学生有着密切的关系。其实，校园文化与人力资源同样有着天然的联系。首先，"以人为本"是人力资源和校园文化的核心理念，二者本质上相通；其次，培育，发扬校园文化的工作必须通过人力资源部门落实，人力资源部门的一些工作也直接与校园文化有关，二者密不可分；最后，借助校园文化可以大大强化人力资源管理的效果，通过人力资源管理可以提升校园文化，二者相互促进。

高校人力资源规划要获得成功，不考虑校园文化显然不可能，将校园文化规划作为一个子规划，是对高校人力资源管理规划的重要补充，良好的校园文化氛围可以使教师对学校有一种责任感和归属感。在这里主要从教师的角度进行阐述校园文化规划。

所谓校园文化规划，是指根据高校内外环境变化和发展战略的需要，营造一种工作氛围和工作环境，不断完善高校长期积累形成的校园文化，使其在未来能更好地引导和激励教师，从而为高校提供优秀的人力资源规划。

校园文化规划的关键就是构建"和谐校园"。构建"和谐校园"的核心就是要建立和谐的校园人际关系，营造一种温馨的环境，使广大教师能够在这种温馨的环境中，集中精力搞好教学和科研，使教师能够体验到自身存在的价值，使其被尊重、被爱护、被关心的需要得到满足。

建立"和谐校园"的举措主要有倡导科学创新精神，引导教师树立和端正世界观、人生观和价值观；发扬民主管理、学术自由精神，实现教师"当家作主"的愿望，形成学术面前人人平等的学术氛围；改进领导作风，改善干群关系，及时消除各种矛盾；工作上互相帮助、互相支持、协调一致；提高教师的文化素养，创造良好的交往环境，帮助消除各种人际关系的障碍因素，创造条件促进教师之间的人际交往；尊重教师、尊重劳动，善于包容独到的学术观点，尽可能为教师创造良好的工作、学习和生活条件；关心教职工身心健康，尽量满足教师的合理需求，使之没有后顾之忧；要加大对现有优秀人才的宣传力度，从而在学校内部形成一种尊重知识、尊重人才的良好风气，使校园文化在吸引人才、凝聚人才、提高人力资源开发与管理等方面发挥重要作用。

（二）高校人力资源规划的实施步骤

1. 调查分析与高校人力资源规划有关的信息

在制定任何规划之前，应该进行调查，收集有关信息，并对这些信息进行整理、分析，为制定规划提供有用的、及时的、真实的、准确的信息。信息的质量直接决定着规划的质量，所以要充分认识信息的重要性。良好的信息不仅有助于人们做出更理性的决策，而且也能激励人们做出更多的战略性决策。与高校人力资源规划有关的信息，主要从以下两个方面调查和分析。

（1）高校内外环境信息

高校以一定的状态在一定的环境中生存，所以高校管理者必须了解与之有关的环境。首先，要认识到高校的外部环境，包括外部的政治、经济、文化、科技、法律、社会、自然等环境；其次，要认识到高校的内部条件，包括高校的资源、竞争力、人员流动、组织结构、规章制度等一系列组织情况。仅仅认识到这些信息还不够，还应该对这些信息进行预测，估计在规划期内将如何变动，预测出高校未来的内外环境，才能据此制定出各项规划。

（2）高校发展战略

高校人力资源管理是为实现高校的战略发展目标服务的，因而其规划应以高校的发展战略为核心。高校采取增长战略、稳定战略、紧缩战略或混合战略，直接决定高校未来需要的人员规模、人员结构等。高校发展战略是人力资源规划的基础，应以其为中心。

2. 预测高校人力资源需求和供给的平衡情况

高校人力资源规划的目的，是在未来为高校提供合适的人力资源。合适的人力资源，即要在数量、质量、结构上合适，保证每个岗位上的人员合适。对人力资源进行规划，必须掌握未来情况，而未来具有很大的不确定性，因此，高校人力资源部门只能通过预测对未来做出一个尽可能贴近的描述。在高校人力资源规划中，最关键的是人力资源需求预测和人力资源供给预测，它们是制定各种策略、计划和方案的基础，在人力资源规划中占据核心地位。预测的思路是：预测人力资源需求量和供给量，并在此基础上再预测供求平衡情况。

3. 制定高校人力资源总规划

为了保证高校未来的人力资源状况合理，需制订高校人力资源总规划。

总规划要从总体上统筹工作，任何一个庞大的工作系统都应先从总体入手，如果没有总体上规划，很难分清各项工作的关系，无法厘清工作的程序。因此，必须先制定高校人力资源总规划。高校人力资源规划方案的制订是一个需要精心筹划的复杂工程，它涉及确定制订方案的机构、制订方案的期限、设计方案的内容及措施等问题。

制订高校人力资源规划方案：要注意规划与高校的发展战略目标和总体发展规划相协调，高校人力资源规划作为高校总体发展规划的一个组成部分或子系统，服从于总体发展规划及其目标。二要注意高校人力资源总规划方案与各子规划方案之间的协调，如外部人员补充规划与内部人员流动规划，培训开发规划与职业生涯规划之间的协调等。三是高校的人力资源规划与教师个人发展之间的协调，制订高校人力资源规划方案时，不仅需要考虑高校的发展目标，还应同时考虑教师个人的发展目标，这两者之间的关系协调主要在高校人力资源职业生涯规划设计中体现。

4. 制定高校各人力资源子规划

高校人力资源规划涉及高校内人力资源供求配置的诸多方面，每一方面的规划形成作为总体规划的有机组成部分。总规划需要各项子规划支持，否则无法实施。每个子规划仅针对一个方向、一个主题，只有将所有的子规划综合起来，才能形成系统的有效的规划。一般来说，高校人力资源总规划包括：岗位职务设置规划、外部人员补充规划、内部人员流动规划、退休解雇规划、职业生涯规划、培训开发规划、绩效评估规划、薪酬激励规划、校园文化规划等。

5. 实施高校人力资源规划

高校人力资源规划只是对高校人力资源的规划，要将规划变为行动，才能发挥其作用。执行是管理中的核心环节，其他环节是其支撑，因为执行直接决定结果。一份好的高校人力资源规划必须通过执行实现，如果缺少执行，规划就只能变成一纸空文。当然，能否完全执行、正确执行，也关系着规划能否实现。在制定高校人力资源规划时，要考虑到其可行性。高校人力资源规划是一个长久持续的动态工作过程，高校内外诸多不确定因素的存在，造成高校战略目标的不断变化，也使得高校人力资源规划不断变更，因此，高校人力资源规划应当滚动地实施，不断修订短期计划方案。

6. 监控高校人力资源规划

监控是指对规划方案执行情况的监督和控制。规划方案的实施过程中，为了防止出现大的偏差或出现偏差后能及时纠正，需对规划方案的执行情况进行追踪监控和反馈，以使规划方案在实施过程中逐步达到预期的结果。在定期检查方案的执行情况时，如果发现执行情况偏离了目标，首先应分析产生偏离的原因，然后再采取相应的纠正或调整措施。产生偏差的原因可能有两种：一是确定的目标和标准不具有可行性；二是方案执行中存在问题。也可能这两种原因兼而有之。在第一种情况下，纠正偏误的方法是修正原有的目标和执行标准；在第二种情况下，则需采取措施来解决所存在的问题。执行是高校人力资源规划实现的基础，监控是其实现的保障。

进行规划方案监控的一个必要条件是确定衡量规划方案执行情况的分目标、短期目标以及具体绩效标准。分目标就是由规划方案总目标分解出来的各子规划实施方案的目标；短期目标即为达成总规划方案和子规划方案的长远目标而划分出来的阶段性目标；绩效标准则是由分目标或短期目标分化出来的衡量目标实现程度的具体准则。分目标和短期目标既可以定性描述，也可以定量描述。

7. 评估高校人力资源规划

评估是人力资源规划实施以后的重要工作，不可忽视。或总结经验或吸取教训都是十分重要的，否则，就唯以修正、改进人力资源规划，使人力资源规划工作顺利持续的展开。评估人力资源规划是下一步修订人力资源规划的基础。同时评估上一轮规划的得失，可以为下一轮规划提供经验，这些经验是非常可贵的，是通过实践得来的经验。如果不注意总结，就会白白浪费这些宝贵的资源。

第三章 高校行政管理机制探索

第一节 校院两级管理的探索与实践

一、校院两级管理体制

几年来，随着在校生规模的日益扩大，以学科教育为基础的本科教育在学校中所占比例日益扩大，学校对学科建设的要求日益提高，学科的数量以及水平也将得以提升。学校在借鉴国内外大学内部管理体制和运行机制的基础上，逐步探索校院（系）两级管理体制机制。设立二级学院，实现学院制管理，是目前学校行政管理中的一大基本组织形式，主要适用于规模较大的多科性大学。促进学科的整合和发展，激发各级组织的活力，切实提高管理效率。二级管理实施后，各二级教学单位在学科建设、教学管理、教学改革、教师梯队建设和科研工作等方面，都取得了较好的效果。

（一）指导思想、原则、目标、思路与重点

1. 指导思想

正确处理宏观调控管理与微观放开搞活的关系，创新与继承的关系，局部利益与全局利益、眼前利益与长远利益的关系，以及改革、发展与稳定的关系。有利于实现院（系）责权利的统一，有利于调动各方积极性，加强学科建设，提高人才培养质量和办学效益，实现学校的发展战略目标。

2. 基本原则

第一，系统性原则。即树立全局观念原则。

第二，主体性原则。即坚持以院（系）为本、以学术为本、以教师为本的原则，推进两级管理过程中出现的所有矛盾与问题的解决，均要坚持这一原则。

第三，匹配性原则。即按照管理的效率标准与能级原理，坚持"产供销""贵权利""人财物"相匹配的原则，合理划分校部机关和院（系）职能，并在事权重心下移的前提下，使院（系）拥有与学科建设和学术管理相适应的财权、人事权和物权，真正做到权责利相结合的原则。

第四，优先性原则。即行政管理保证和服从于学术管理，院（系）设置及其管理模式、决策机制等，均应确立学科建设与学术管理优先的原则。

第五，民主性原则。即大力推进院（系）民主管理，尤其是学术民主管理，加大专家教授在校、院两级学术管理决策中的分量的原则。

第六，渐进性原则。即根据事项的轻重缓急及改革条件的成熟情况，总体规划，分步实施的原则。

3. 基本目标

学校推进校院（系）两级管理的最终目的，是为了最大限度地释放学术生产力，不断提高人才培养质量、办学水平和办学效益。

从现实出发，推进两级管理就是要建立适应学校办学规模扩大以后的学科建设运行新机制，充分激发和调动院（系）（含直属系，以下同）办学的主动性、积极性和创造性，加强现代大学制度建设，优化校、院两级的治理结构，具体表现为形成适应学校现代化、国际化、信息化发展框架的管理体制；形成一支高素质的教育、科研、管理队伍，院（系）成为具有生机和活力的教学科研实体，学校内部管理水平得到充分提高。

4. 总体思路

两级管理、重心下移、规范运作、长效机制、增强活力、提高绩效。即在合理界定校部与院（系）事权的基础上，理顺校院两级关系；在下放事权的同时，下放相应的人事权、财务权、物力配置权保证二级院（系）的有效运作，建立系列责任制度，并将学术管理从现行高度集中的管理架构中分离出来，发挥专家教授在学术咨询与决策方面的职能；同时，校部机关转变工作方式，强化宏观管理职能。

5. 工作重点

学校的管理重心由校机关职能处室下移至院（系），院（系）实行实体化运作，学校主要通过制订与实施发展规划、制定与实施政策规章、筹措与分配办学经费、监督与评估办学质量等手段，对院（系）实施宏观管理，院（系）在学校的宏观调控下，承担明确的责任和义务，享有相应的权力和利益，真正成为充满生机和活力的具有突出学术管理职能，兼顾教学、科研、社会服务和对外交流的新型学术型组织。

（二）对学校二级管理改革动因的思考

1. 人才培养定位因素

二级管理的推行，将更有利于学校技术应用型人才培养目标的实现。学校学科定位和人才培养最终要落实到课程体系的设置与教学内容上。二级学院设立后，各二级学院应依据学校的办学指导思想和人才培养目标定位，根据自身特点，确定自身的发展目标定位，并以此为基础，建设所属各专业的课程体系和结构，保证教学内容的先进性和一定的超前性，最终实现技术应用型人才的培养目标。

2. 规模因素

升格以后，学校规模日益扩大，不便于直接监督和管理。于是，学校探索实行二级管理，开展间接管理，把行政事务权下放至各二级学院，并定期开展督导。

3. 教学质量保障因素

学校的根本任务是培养人才，人才培养的质量是学校的生命线。随着学生规模的日益扩大，在一级管理的组织体系下，教学质量监控难以有效开展。而在二级管理架构中，二级学院作为学校内部管理体制中处于枢纽地位的机构，必须也能够有效地对教学质量进行监控。学校希望通过二级管理改革，搭建校、院两个级别的教学质量保障体系，更加有效地监控教学质量。

4. 师资队伍建设因素

要高质量地完成教学任务，学校必须建设一支高素质的师资队伍。实施二级管理以后，二级学院能够在不违背学校基本规章制度的前提下，依据学院自身的发展目标定位、专业设置和课程设置，自主设定所需师资队伍规划和任课教师资格。这有助于建设一个结构更合理、素质更高，更具有学科、专业与课程针对性的师资队伍。

5. 依法治校和民主治校因素

通过二级管理改革的实施，学校依赖一些基础性的管理制度和政策，对二级学院开展间接管理，定期开展督导。学校依法放权，二级学院依法行使管理职权，使得二级管理处在严格的规章制度的约束下。

随着各二级学院的组建和运作，二级学院的教职工代表在二级管理和二级分配过程中，将能够更多地行使职责。二级学院必须、也需要发挥教职工代表的作用，推进民主治校。

（三）学校实施二级管理的特征

1.实施责任制，打破路径依赖

在管理改革中，管理模式的路径依赖往往容易造成改革步伐的缓慢。学校多年来一直以系为单位实施校系一级管理，对旧有管理体制的路径依赖，会在一定程度上影响二级管理的推行。"二级学院年度工作任务责任制"以"明确目标、给予权力、实施自治、开展问责"为原则，将学校年度工作目标分解到各二级学院，同时，对所有职能部门提出了完成"以全面管理为主"，转向"以服务为主"的要求。在确定目标时，学校与二级学院民主协商、充分讨论；在具体的工作中，二级学院得到了各职能部门的全力支持。在科学而明确的目标引导下、在有力而稳定的部门支持下，二级学院的主体地位得到突出，二级学院的责任意识得到加强，职能部门的服务意识得以强化，二级学院工作的积极性和主动性得到了充分发挥。

2.实施两级分配，各二级学院实现自主绩效考核

两级分配是"校院二级建制，二级管理"的校内管理模式在学校人员经费分配模式上的体现。职能部门依据各二级教学部门的学生数量、教学时数、专业建设和教学教改等因素，核定与协调下达经费额度，并对经费额度进行核算、检查。各二级教学部门可依据学校分配制度的总体精神，对下达经费额度的90%，制订本部门内部分配方案和发放办法，经学校批准后组织实施，剩余的10%在学年结束后核算发放。

为了在分配中充分体现二级教学部门的主体地位，在确保学校稳定和健康发展的前提下，学生培养人员经费尽可能下放到各二级部门。在进行具体的人员经费分配时，岗位基本工资和基本工作津贴等属于学校分配人员经费范围，由学校职能部门依据学校教学、科研和学科建设等目标，在实施目标责任考核和宏观调控的基础上发放；学生管理津贴、课时津贴、科研考核和绩效考核奖金等，用于教育教学工作的人员工资性支出，则属于二级教学部门分配人员经费范围，由二级教学部门以部门人员完成人才培养任务的实

绩为主要依据，按照绩效挂钩的原则分配。

（四）基本内容与措施

1.校院职能

（1）校部的职能

校部各职能部门要逐步淡化微观管理职能，强化监督考核和服务职能。具体职能为：第一，制订学校的总体发展战略与规划，制订学校的阶段性计划和发展目标并监督实施；第二，制定和颁布学校的各项政策与规定；第三，定期汇总并分析本部门的信息，为校领导提供科学准确及时的决策依据；第四，开展调查研究，为院（系）运行和发展提供必要的服务和咨询；第五，组织建设和管理全校性公用教育资源及跨院（系）的综合性核心课程和跨学科的研究中心；第六，对外联络；第七，统筹规划全校的教学科研、师资建设、人才培养、学生管理、校园文化、公共关系与公共形象、后勤保障等工作；第八，对院（系）教育质量和办学效益实施监控与评估；第九，根据校务公开的要求，定期组织召开校情通报会。

（2）院系的职能

院（系）具体职责为：第一，根据学校总体发展战略，制订并实施本单位发展规划及年度发展计划；第二，决定本单位的教学科研组织形式；第三，负责教师队伍建设，在学校核定的编制数额和各级职务比例内确定教职员工岗位设置，聘任教职员工，考核应聘者的工作业绩；第四，在学校指导下，具体负责本单位的学科建设、师资队伍建设、国际学术交流及教学科研、人才培养、党建与思想政治工作、学生管理及其他日常事务性工作等；第五，在学校的统筹规划下，完成重点学科、博士点、硕士点的申报等非常规性任务；第六，在国家和学校政策法规范围内，积极开展院（系）间、院企间、院（系）与社会间的合作办学和科技服务，提升院（系）的造血功能，提高办学质量和办学效益；第七，制定内部财务制度，在执行预决算制度的基础上，在财务、审计部门指导与监督下，自主支配本单位办学资金；第八，定期召开院情通报会，做到院务公开。

2.校部职能调整与改革

根据上述校院两级机构职能的界定，校部各主要职能部门进行事权梳理，明确本部门需要增设、保留或下放至院（系）的事权，使校部的职能清晰化。校组织人事领导小组要做好校部各职能部门的功能界定和岗位职责界定工作。

与事权下放相匹配，校部下放相应的人事权和财权。

人事管理：实行分类分层管理。校人事处根据教学、科研和管理工作的需要，核定全校教学、科研、专任技术、教学科研辅助、公共服务、党政管理等不同类别人员编制规模和岗位结构比例，按学科建设的需要，分类定编定岗。校部与院（系）分别行使相应的人事权。

财务管理：在定编定岗和划分事权的基础上，制定财务两级管理制度。校级财务对资金实行集中管理，各院（系）开展各种教学、科研及社会服务等活动取得的收入，全额纳入学校的预算管理。同时，扩大校级经费向院（系）下放的比重，将院（系）自主创收资金纳入预算管理，既提高创收资金使用的透明度，更引导院（系）将自主创收收入用于院（系）学科建设和师资队伍建设。校财务处对院（系）财务实行"两公开一监督"制度，即预算公开、决算公开、财务处实施监督。

学生事务管理：研究生部的研究生管理下放到院（系），纳入院（系）学生事务管理体系，由院（系）统一进行管理。

校院两级管理体制正式运行后，学校对院（系）的管理主要体现为规划、指导、服务、监督、协调。校部要加快完成四个方面职能的转变，即从微观管理转向宏观管理、从事务管理转向政策管理、从过程管理转向目标管理为主、从审批管理转向服务管理。学校主要依据校、院双方签订的目标责任书对院（系）整体工作及其领导班子进行年度和任期考核，考核结果与本单位相关利益直接挂钩。

3.院（系）职责与权利

明确院（系）承担学科建设、教学科研、社会服务与对外交流合作职责。

（1）院（系）为学科建设的主要责任单位

院长是学科建设的第一责任人。在聘任院长时，要求应聘者在校发展战略规划的框架内提出明确可行的学科建设规划，并将学科建设指标纳入院（系）行政负责人的考核指标体系，由校学科建设办公室对其任期内学科建设规划目标的落实情况进行监督考核。

（2）教育教学和人才培养质量由院（系）负责

院（系）有责任帮助教师丰富教学内容、改进教学方法、提高教学质量，院（系）的教学质量接受教务处和督导组的监督检查。第一课堂和第二课堂的教学质量均纳入教学检查评估的范畴。

（3）院（系）有责任不断发展与政府相关部门、社会团体和企业界的广泛联系和合作

院（系）应成为国际交流与合作的主体，在校国际交流处的指导下，独立开展国际合作和国际交流，不断扩大院（系）、学科在国内外的影响。

（4）以财务管理与资产管理为抓手，实行校院（系）两级预算管理制度，扩大院（系）资源配置与事务处理权力

院（系）遵循学校财务管理制度，自主制订年度财务预算，并经校财经委员会审定实施，从而进一步规范院（系）财务管理，扩大院（系）的资金管理与使用权力，较好地引导院（系）将创收资金用于学科建设与师资队伍建设。

4. 院（系）的学术管理与行政决策

改革传统的院（系）领导体制与决策机制，形成学术民主的、充满活力的专家教授参与度较高的新型院（系）领导体制与决策机制。改革的主要内容包括推广院长、系主任竞争上岗制及目标任期制，突出学科建设在任期目标中的地位；院（系）负责人的行政职能与学术权力相对分离。发挥学科带头人与学术骨干在学术管理中的作用，建立院级的教授委员会作为学术管理的议事决策机构；建立以院（系）党政领导为主，有院属系主任或课题组长、教授等代表参加的院务委员会和院务会议制度，作为院（系）集体领导与民主决策的体制与形式，结合政务公开和民主制度建设，逐步建立民主集中制基础上的、集中领导与个人负责相结合的院（系）领导体制与决策机制。

（1）建立健全院（系）学术事务与行政管理议事与决策机构

建立院级的教授委员会作为有关学术问题的议事和决策机构。赋予院（系）教授委员会主要职责审议和决定院（系）学科发展规划；审议和决定院（系）的教学、科研及对外学术交流等重要事项审议和选聘院（系）学科带头人和学术骨干，审议和确定院聘教师岗位。按有关规定，审议专业技术

人员聘任事项，审议和遴选硕士研究生导师和博士研究生导师；审议院（系）当年各类毕业生的学位事项，并向校学位委员会提出授予学位的建议；审议院（系）学科建设的资源配置与经费预算及调整项目；审议和决定行政负责人认为有必要提交议定的其他重要事项。

调整充实院（系）领导班子为日常行政事务决策和执行机构。根据德、勤、能原则调整、充实院（系）党政领导班子。正副院长根据学校工作部署和指示精神，结合本院（系）实际情况，处理好日常行政事务工作；分党委（总支）正副书记，保证监督党和国家的教育方针、政策及学校各项决定在本单位的贯彻执行；充分发挥基层党组织的政治核心和战斗堡垒作用；学校负责院（系）思想政治工作、学生工作、基层党建工作和纪检工作。

建立以院务委员会为院（系）行政事务决策机构。院务委员会由院（系）正副院长、正副书记、系主任或学科组负责人组成。

（2）建立和完善院务议事和决策制度

建立院（系）学术事务会议制度。与学科建设、学术、学位、职称职务等有关学科建设和学术管理的重要事项，应由教授委员会的各类学术事务委员会根据学校和院（系）有关规定讨论决定。根据需要，由教授委员会主任委员非定期召集。

完善院党政联席会议制度。对日常行政事务进行讨论和决策。一般应每周召开一次。

健全院务会议制度。对本院（系）非学术性的重要事项进行讨论和决策，一般每月召开一次。

二级教代会。二级教代会是院（系）实行民主管理、民主监督和教职工维护自身权益的重要形式。教职工人数没有达到一定规模的院（系），可由全体教职工大会替代二级教代会。二级教代会或全体教职工大会每学期至少召开一次，对院（系）预决算及其他重大事项进行审议。

（3）其他事项

院属系、学科组或课题组等，是院（系）的基层组织，负责组织落实教学、科研工作，以及其他相关事务管理，一般没有人、财、物等资源调配权。

研究中心（所）。按照有利于组建学科群，有利于培养复合型、创新型人才，有利于充分利用人才资源的原则，原学校管理的研究中心（院、所）

除重点研究基地由校、院共管，校管为主外，其他原则上改为院（系）管理。

（五）二级管理改革的实际效果

师生员工对积极贯彻校党委决定，目前已取得了不少成果。

首先，校园依然保持稳定。二级管理改革涉及对原先各系的重组与整合，也涉及分配方式的变化。随着二级管理改革的不断深入，管理体制将越来越成熟，管理水平也将日益提高，使师生员工在二级学院管理模式中成为真正的受益群体。

其次，二级学院的积极性高涨。随着二级管理改革的开展和深入，以及二级分配、"二级学院年度工作任务责任制"和定期调研制度的推行，二级学院的枢纽地位得以明确。这使得各二级学院的建设与发展热情高涨，为学校发展奠定了良好的基础。

最后，随着二级管理改革的推行和深入，学校的内部管理由行政主导型逐步向监督评估型转变。在二级学院办学权力加强的过程中，教师作用不断提高，学生的权益得到保障，也为学生参与学院和学校的建设与办学提供了可能。

（六）对当前存在的主要问题及出路的思考

二级管理毕竟是个新生事物，学校的二级管理改革是一个渐进的过程，在改革与发展中面临新的问题，也在所难免。

1.以二级学院为枢纽、赋予二级学院自主权的管理模式，还需要不断积累实践经验

目前，学校的二级管理改革仍然处于起步阶段，校党委在赋予其自主权方面比较审慎。在分权方面，学校秉持"解放思想、审慎安排、效率优先、保证公平"的原则。学校在二级管理改革方面的制度设想，还需要实践经验的验证。

2.进一步探索责任制的保障机制

尽管学校已经对各职能部门提出了变"管制"为"服务"的要求，但职能部门在"提供哪些服务"，以及"如何提供服务"等方面，还需要继续探讨。

3.进一步协调二级学院之间的关系

学院之间的协调是提高整体办学实力的有效保证。在学校推行二级管

理改革的过程中，二级管理组织体系得以建立，各二级学院的内部运作也能够顺利展开。但是，学校意识到，如果二级学院的独立性过于明显，行政协调力度在一定程度上会受到削弱，这不利于高校内部的信息和资源共享。而且，目前学科交叉和渗透不断加大。因此，学校指出，学校内部各二级学院在办学上要取长补短，发挥聚集功能，这是不断提高学院办学实力的有效手段。而资源共享、经验交流和探讨，是实现办学能力不断提高的有效方式。另外，通过资源整合形成一些新功能，在一定的条件下会胜过资源创造的能力。因此，学校正积极开展研究，以期实现各二级学院之间，在独立的基础上，实现既竞争又合作的态势。

4.在校院两级管理组织结构基础上，积极探索建立学院制管理的组织结构

目前，学校的二级学院已组建完成，各二级学院也已投入运行，二级管理体系已取得了成果。但是，二级学院内部如何搭建组织结构，以顺畅地开展工作，还是一个值得继续探讨的问题。

5.学校监督、监察和审计等职能需要加强

学院的内部民主监督和制约，是一个保障，但学校的外部监督和制约也必不可少。学院并非独立的法人机构，作为办学法人实体的学校，仍然要在专业设置、学科建设和人事录用考核上，进行总体规划，并对二级学院的办学、人事和财务等方面，进行监督检查，且遵循公开、公正、民主、科学的原则。

随着理论和实践的不断突破，学校有能力、也有信心克服二级管理改革中的问题，不断深化二级管理改革，实现学校的科学发展。

二、校院体制下的权责重构

目前，组建学院或推行学院制，实行校、院两级管理，是高校内部管理体制改革和学科建设发展的一种思路，已逐渐成为我国高校内部管理体制改革的"热点"之一。校、院两级管理是一种不同于过去校、系两级行政机构的新的管理模式，其实质是，使高校原有的以职能部门为主体的管理模式，转变为以二级学院管理为主体的管理模式，即称"学院制"。进行校、院两级管理体制改革，确立和调整学校与二级学院及职能部门之间的权、责、利关系，使二级学院通过相对的自主办学，更好地促进学校的整合与发展，激

活基层的办学活力，有效地提高教学质量和办学效益。

（一）二级学院制下的职责范围

某国际经济贸易学院是某对外贸易学院中最大的学院，也是学校学院制管理的典型代表。建院至今，国际经济贸易学院经过与学校较长时期的磨合，逐渐形成了一套适合自身发展的管理体系和运行机制。

学院在学校领导下，统筹本部门教学、科研、师资队伍建设和学科建设工作，统一管理本部门的人事、财务、资产、学生培养教育和思想工作。

1. 人事管理

（1）领导干部的任命

二级学院根据自身需要，向学校提出申请，提出副院长、专业主任和研究机构负责人选，院总支协助党委考察，报学校党委批准后，由学校任命。

（2）核定编制，聘请人员

根据人员编制和教学、科研任务，合理分配专业与教研室人员编制；负责本院教职工的聘用、辞退和人才引进，聘请顾问、教授、客座教授和兼职教师，聘用科研和教辅人员，制订毕业生留校计划，报学校批准。

（3）岗位设置

根据学校确定的专业技术职务结构比例和职务岗位数额，决定各级专业职务岗位设置和评审方案。

（4）考核

配合学校人事处执行考核。

（5）招生

根据学校招生计划，合理安排各专业招生人数，以及本、专科人数比例。研究生的招生、培养计划、新增硕士生导师资格、研究生学位资格，和各专业（研究生方向）研究生招生数，由研究生部负责。

2. 教学管理

（1）专业管理

根据学科发展及社会需要，改造、调整和全面规划本院专业及专业方向。

（2）教学计划

组织制订并落实全院各专业教学计划。

（3）课程管理

编制和安排课程；选择教材。

（4）教学质量监控

负责检查和监督各专业教学质量；定期开展教学评估。

（5）学籍管理与毕业

负责全院学生的学籍管理和招生就业；审定学生转专业，负责学生奖学金的审定；审核学生毕业、结业和就业等资格。

（6）合作办学

组织全院教育人才，对外争取合作办学。

（7）设专业主任助理

协助主任管理日常事务。

3.科研和社会服务

组织全院科研人才，对外争取重大科研项目；

指导和帮助各专业教师争取科研课题，搞好全院科研课题及科研成果管理工作；

抓好全院的学术交流，重视国际学术活动，不断提高学术水平。

4.行政管理

抓好院级各类计划外办学；

负责全院人事和日常事务管理，文件资料、接待、考勤、后勤、教务管理和会务管理。

5.财务管理

全院教学行政经费由学院统一管理，根据承担任务的不同情况，合理安排下达，包干使用；院内创收经费由学院统一管理，分户列账核算，创收金额，除按毛收入的30%提取管理费外，按税务规定及学校有关规定结算后，归创收部门所有；全院教职工奖金分配实行校、院两级发放制度，院内所属管理人员的奖金由院负责发放，津贴由学校统一发放。

6.设备和图书资料管理

院内行政事务方面的设备由院统一管理，共享使用权。根据学校拨下的设备经费，实行院内设备的计划、审核、采购和账务统一管理。教学管理方面的设备由学校教务处提供，其他设备由学校后勤综合管理处统一购买，登记为学校固定资产；图书资料由院统一管理，全院教职工共享，图书资料的订购由院根据需要和经费统一审定和订购。

（二）实行学院制中存在的主要问题

国际经济贸易学院的广大教职工围绕建院目标，积极履行各项职责，发挥学院职能，与以前设系建制相比，取得了明显效果，具体体现在：发挥学院优势，促进一些新兴交叉学科研究机构的诞生，如世贸组织研究基地和国际经贸研究所；积极推进教学改革，切实提高教学质量。学校获得了一批教学成果奖；整合力量，师资队伍建设在一定程度上得到加强；优化资源配置，实现了学院内各专业之间的资源共享；比较充分地发挥学院的行政管理功能，保障了教学和科研工作的顺利开展，等等。

学院制在实行过程中发挥了不可替代的作用。当然，它不可能包治百病，还有许多需要改进和研究的问题。

在实行学院制管理过程中，遇到的具体问题如下。

1. 在学院的划分上，与其他高校一样，存在优化整合问题

某对外贸易学院的国际商务外语学院和国际经济贸易学院，在学科和专业上存在需要整合调整的问题。

2. 学院制管理相关制度建立不是十分健全，也存在执行不力的问题

在人事、分配制度、学科建设和科学研究等方面应加强改革力度。学院缺乏明晰的两级管理目标考核体系。学校比较重视教职工岗位业绩考核，缺乏对职能部门和学院工作的目标管理与考核评估，容易形成"干与不干一个样，干多干少一个样，干好干坏一个样"的现象，缺乏激励竞争机制。

3. 从学院制管理的工作职责划分来看，应明确校、院两级管理人员的岗位职责，并认真履行

目前，校、院两级权力划分不甚合理，责、权、利不太明确，各级之间关系不顺。相当部分的过程管理仍然过多地集中在学校一级和职能部门，管理重心并未真正下移，造成学校会议多、职能部门下达任务多、学院请示多等现象，影响了学院的管理效能和办学积极性。学院的责、权、利在一定程度上相互分离，学院工作范围大、事务多、任务重，而在人事、科研、教学和办学等方面的自主权少。

4.学院的管理体制需要进一步明确

学院的党总支和院长的职责权限关系如何界定，重大事项的决定是实行院长负责制，还是采用党政联席会议制，或其他形式集体讨论决定，目前，全国各高校没有统一的做法。由于各学院规模不等，工作重心也不尽相同，结果造成两级管理实施的情况不平衡。

5.加强学院的学术权力对行政权力的制衡

学院实体化运作，作为相对独立的教学和科研实体，应拥有较独立的权力，如人事权和财务权力。对于某对外贸易学院这样在学术上社会影响力还不大的学校来说，加强学术权力的制衡作用，显得尤为重要。

（三）建议

实行学院制管理，必须改革约束学校发展的管理体制。根据现状，提出以下有关权力结构调整的建议。

1.行政权力和学术权力适当分离

学院制改革后，不仅学校一级的学术性组织机构应当加强其职能，依法行使其权力，维护其在学术事务决策上的权威，而且要建立学院一级的学术性组织或学者团队，发挥学术组织机构管理学术事务、监督行政的作用，让教授参与学术管理。学术权力的相对独立，无疑会创造学术自由的氛围，促进学科建设。二元分权的权力结构，是权力结构调整的发展方向，特别在基层更应该强化学术权力。

2.权力重心下移要以学术权力为主、行政权力为辅

学术权力的下放，包括基层学科调整、专业建设、课程改革和一般科研项目的管理权等。行政权力的下放，包括一定的资源分配权、计划内经费使用权、学院内部机构设置权和一定的人事聘用权等。在现阶段，学校保留较多的行政权力是完全必要的。

学术的主体在学院，学术权力主要在学院也是合适的。但是，在权力下放的同时，需要建立有效的监督机制。学校保留一定的决策权和制定权，在必要时收回部分授权，防止学院自主权过大，引起"部门利益"的自我保护倾向。

以学院为管理实体，实行校、院两级管理，职称指标、经费分配和人员定编，都以学院为一级核算单位。学校要把教学科研、专业设置、招生就业、师资建设、学生管理、合作交流等方面的权力进一步下放给学院，让学院在学科建设与队伍建设中，发挥应有的作用。

3.权力适当分散化

在学校职能部门的设置上，一方面，应本着精简高效的原则，理顺行政组织机构之间的关系，合理设置行政机构和职能部门。另一方面，可将在业务上相关的若干职能部门合并，设立专门的委员会，以利于沟通、协调和信息共享，提高工作成效。

4.权力结构多元化

学院要建立健全各种议事制度，确保民主集中制在学院的贯彻执行。学院一级是学校的管理中心。要保证学院工作的顺利开展，最重要的是贯彻执行民主集中制。而要保证民主集中制在学院的贯彻执行，就必须建立科学规范的议事制度。学院建立之后，必须建立院务委员会、院长办公会和党总支会议等议事制度。院务委员会由学院党政领导和专业主任组成，会议议题由院长和总支书记商定，主要是研究决定学院工作中的重大问题，并上报学校审批。

第二节 高校领导力建设

一、高校的领导力建设

作为本科教育的新兵，新建本科院校的办学传统尚未定型，与传统本科院校相比，新建本科院校的拓展与各级领导的领导力更加相关。从这个意义上说，领导力建设是推动新建本科院校又好又快发展的关键环节。

（一）概念解析

1.管理还是领导

领导是领导力概念的核心部分，明确领导的准确含义，是新建本科院校领导力建设的逻辑前提。在多数语境下，领导概念是和管理概念不加区分的。事实上，两个概念本身也确实有很大程度的重合；但严格来说，领导与管理还是有些细微的区别。

总体来说，领导的层面更宏观些，而管理的层面更微观些。领导者的任务是确定发展方向，而管理者的任务是明确发展路径。

管理是计划、预算过程的确定和详细的日程安排，调拨资源来实现计划，而领导是确定经营方向，确立将来的远期目标，并为实现远期目标制定进行变革的战略。管理者在领导后面拟定政策，引进技术，确定工作进程和补贴计划。作为领导者，需要时刻保持抬头看路的方向意识。

除了层面的不同之外，领导与管理的区别还体现在运作指向上。领导活动指向未来，追求变革与创新，而管理活动更多的是指向现在，追求秩序与一致性。对于新建本科院校来说，理想的校长应该是领导型的管理者。作为一个新建本科院校的校长，既要善于管理，又要善于领导。

2. 职位影响力还是个人影响力

领导者的唯一定义是他的身后有跟随者。在管理学界，人们也越来越倾向于把领导力定义为一种影响力。对于新建本科院校的校长来说，领导力的一个基本标志就是自己有多大的影响力，自己的管理意图能够在多大程度上为全校师生员工所接受和贯彻，自己的发展理念能够在多大程度上影响人们的行为和学校的发展。

一般来说，影响力分为职位影响力与个人影响力。前者与等级链条中的某个节点紧密联系，在其位，则有其力；不在其位，则失其力。后者与个人的人格魅力紧密联系，是由于某种人格特质而产生的一种影响力，与所处职位无关。作为一种学者云集的教育场所，新建本科院校的校长的影响力更多地是来自自身的人格魅力，而不应该是仅仅来自职位权力。由于人格特质不同，完全可能出现处于相同等级链条上的两位领导的领导力大相径庭的现象。

3. 传统权威还是法定权威

任何组织都是建立在某种权威基础上的。传统权威，来自于习俗、惯例、经验、祖训等，下级对上级的服从主要取决于他们对某种传统规则的尊崇，传统权威的本质是"顺从"。法定权威，建立在相信规章制度和行为规则的合法性基础之上。法定权威以规则为统治的出发点和最终的归宿点，只有根据法定规则所发布的命令才具有权威，人们普遍遵守规则、信守规则，规则代表了一种大家都遵守的普遍秩序。法理权威的本质是"理性"。

（二）人性假设

不管有意还是无意，领导者的所有领导行为都是建立在对领导对象的人性的某种假设的基础上的。正是由于对人性假设问题的不同理解，才产生了不同的领导风格。从根本上说，领导力的大小，正是基于人性建设的正确与否。从领导思想发展史的角度，共有几种典型的人性假设。

第一，"经济人"假设。人是经济利益的追求者，本质上是自私的，是受利己心驱使的。人们主观上对经济利益的追求，会在客观上造成质量行为的出现。"经济人"的本质是理性人。

第二，"社会人"假设。经济利益的获得与作业质量的改善，并不是一一对应的线性关系。除了经济利益之外，人们往往还有社会、心理的需求。管理的关键在于提高管理对象的满意度，提高其士气水平。"社会人"的本质是情感人。

第三，"自我实现人"假设。这种人性假设认为，除了社会需求之外，人们还有一种想充分运用自己的能力、发挥自己才智的欲望。总是希望做成一件自己力所能及的事，追求一种成就感与胜任感。所以，人是自动、自发而且能自我克制的，外在的命令、控制，有时反而会引起反感，使人感到是一种威胁而无法适应。

第四，X·Y理论。20世纪50年代，X理论是从悲观否定的角度来看待管理对象，认为人们天性是逃避工作的，没什么远大抱负，怕负责任；Y理论从乐观与肯定的角度看待管理对象，认为人并非天生厌恶工作，在适当的条件下，不仅接受而且实际上会主动地寻求责任，充分发挥其潜在能力。

（三）新建本科院校领导情境分析

现代领导情境理论认为，领导行为是情境变量的函数。从实践层面来说，加强新建本科院校领导力的建设，必须对领导情境问题进行考察。

1.新建本科院校与传统本科院校的区别

新建本科院校的兴起，是高等教育发展过程中的大事件。作为一种对市场需求的教育回应，新建本科院校迅速兴起，蓬勃发展。

新建本科院校的名称多样。但是，纷繁复杂的名称背后，"新建"是对这类本科院校的基本共识。综合来看，人们倾向于认为，"新"，不仅是个时间概念，更应该是个办学模式概念。也就是说，新建本科院校应充分利用历史包袱少的天然优势，在办学模式上，做到以市场为导向，以服务谋发展，创造性地处理本科教育与职业教育的关系，走出一条贴近企业、贴近行业、贴近学业的特色发展之路。作为本科层次中与社会联系更加紧密的教育类型，新建本科院校必须把职业导向问题放在优先考虑的战略地位。新建本科院校的校长，与其说，是一个懂得运营的教授，还不如说，更需要的是懂得教授事务的运营官。

2. 学术权力与行政权力的平衡

与其他本科院校一样，新建本科院校也存在两个权力体系：学术权力与行政权力。在某种程度上，新建本科院校校长的任务是确保两者的平衡。相对来说，新建本科院校的办学时间较短，历史传统尚在形成，学术自由、教授治校等经典大学理念还未彰显。

与传统本科院校不同，新建本科院校的权力运行系统中，行政权力的力量更加强大。学术权力在以一种不同于传统本科院校的方式发挥作用。即使是学术权力本身，新建本科院校也是有别于传统本科院校的。传统本科院校的学术探究，是基于纯粹兴趣的理论探索，而新建本科院校的学术活动，则是基于市场需求的项目化活动。作为新建本科院校的校长，必须对这一问题有一个深刻的认识。

3. 领导情境分析

从 20 世纪 40 年代开始，领导学界就开始了对领导行为的深入研究，陆续提出了一些有价值的领导情境分析框架。

（1）两种领导风格

任务导向型与关系导向型。前者类似于以工作为中心和主导型结构行为，后者类似于以职工为中心及关心型的行为。领导行为倾向是领导者个性的集中体现，基本上很难改变。

（2）四种情境变量

第一，任务结构，指的是工作任务规定的明确性程度。例行性的、明确的和容易理解的，或者有章可循的任务，可以认定任务结构是明确的；复杂、无先例可循、无标准程序、含糊不清的任务，可以认定其任务结构是不明确的。

第二，上下关系，指的是领导人和其工作群体之间关系的性质。衡量标志通常是双方是否高度信任，是否互相尊重、支持或友好等。

第三，职位权力，指的是领导人被赋予与职位相联系的相关权力的情况。衡量标志通常是该领导对下级的工作分配、奖惩、职务升降等，与下级切身利益相关的各项工作的控制力程度。

第四，下属成熟度，这里的成熟度，不仅是生理或者年龄概念，更是心理或工作成熟度概念。衡量标志通常是：有否取得成就的向往；是否乐于承担责任，并具有独立工作的能力相应的技术技能情况如何等。

领导情境理论认为，现实生活中纷繁复杂的领导情境，往往是以上四种情境变量不同排列组合的结果。既有四种变量都是最有利情况的理想领导情境，也有四种标量都是最不利情况的最差情境，大部分领导情境是处于两者之间的非典型情境，应该根据领导情境的具体情况，对领导方式进行权变分析，选择合适的领导风格。

这些领导理论，基本构成了新建本科院校领导力建设的分析框架。改进领导效果的种种尝试，可以考虑从以上四个方面展开。

（四）领导力建设的基本内容

1. 决策能力

管理就是决策，决策活动贯穿在管理活动的始终。作为一名决定学校未来发展方向的领导者，其日常工作的核心部分就是决策。因此，决策能力是新建本科院校领导力建设的首要内容。决策能力首先表现为一种预测能力。对新建本科院校的校长来说，必须对教育发展趋势保持高度的敏感性，仔细研究国家与区域层面教育政策的最新精神，了解兄弟院校改革发展的最新动态，消化吸收教育理论研究的最新成果，创造性地借鉴企业界领导实践的成功做法。要做到这些，必须保持一种持续学习的能力。学习能力的高低取决于智商、情商、创造商、执行商配合默契程度，其中，智商决定人的主张、判断、选择等优劣，而情商影响上述各项，创造商是人创造出主意的机关，执行商是负责执行新主张。这四个商相互联系、渗透，共同决定个体学习能力。因此，要重视智商、情商、创造商、执行商的培养，以提高自己的休整学习能力。

2. 战略管理能力

新建本科院校的校长的工作指向是学校的长远发展。因此，还应该具有足够的战略管理能力。战略管理能力，在企业界已经是研究得颇为深入的课题，形成了许多研究成果。这些成果对新建本科院校的战略管理提供有益的借鉴。

首先，必须明确战略的准确含义。一个构想良好的战略，至少应该包括业务范围、资源配置、竞争优势与协同作用等四个方面。

其次，适当引入企业界战略管理的成功做法，提高新建本科院校战略管理的科学化水平。从学校整体的角度分析确定各院系的发展战略，站在学校整体的高度对各院系进行有效协同，形成学校的核心竞争力。

3.公共关系能力

作为一种本科教育中与社会联系更加紧密的教育类型，新建本科院校领导力建设的另一个重要内容，是公关能力建设，着力塑造良好的公众形象。新建本科院校的校长，应该与教育行政部门建立良好的互动关系，准确把握教育政策的操作含义，创造性地演绎上级主管部门的政策意图。也要定期拜访企业、社区与行业协会或中介组织的负责人，条件成熟，可以尝试建立学校发展理事会，邀请企业技术骨干、社区及行业协会相关负责人，就学校科学发展的重大问题献言献策，搭建学校与社会良好互动的平台，自觉主动地融入社区，自觉主动地贴近就业办学，想政府所想，急企业所急，提升自身服务社会的能力和水平。

二、干部队伍主体建设

当前，高等教育发展正面临着深刻的变革，高等教育面临着各种新情况、新问题，办学环境也在发生着变化。高等教育发展正在由精英教育向大众化教育转变，高校发展也正在由规模发展转变为内涵建设。这些变化对学校领导班子提出了更高的要求。领导班子要根据高等教育形势发展与变化，结合学校自身情况，积极谋划学校发展战略，明确学校发展目标、发展定位与发展思路，促进学校全面、协调、健康发展。校党委坚持以党的基本路线为指导，坚持科学发展观，沉着应对合并新建本科院校建设中的机遇与挑战，总揽全局，协调各方，正确把握三所历史悠久的高专合并升本的机遇，坚持以改革促进融合，以改革促进发展，达到"1+1+1 > 3"的效应。学校迅速实现了办学层次"专转本"的战略提升，办学水平和综合实力显著提高和增强，应用型本科的内涵建设取得长足进步，新校区建设、管理改革、文明创建等方面取得了显著成绩。

（一）坚持和贯彻科学发展观，加强班子队伍建设

学校领导班子执政能力事关学校稳定与发展大局，以学校班子带动和

影响学校发展，办好让人民满意的高等教育。以班子建设推动学校事业发展，完善学校管理水平，深化体制机制改革，不断推进学校的内涵建设。

1. 把握学校的办学方向

学校的根本任务是培养人，这就要求学校领导班子深入思考如何办好人民满意的教育这个课题。同时，要深入研究学校发展中的矛盾和问题，研究高等教育发展规律和办学规律，创新教育思想、教育目标、教育制度和教育管理，丰富和发展高等教育理论，使学校领导班子成为高等教育的行家。

加强学校领导班子的理论学习，是班子队伍建设的核心内容。把学生培养成为合格的建设者和可靠的接班人，需要从领导班子到任课教师，都要重视思想理论的建设和学习。保证各级干部的思想建设，就保证了学校的办学方向，保障了学校人才培养目标的实现。

2. 重视德育教育，把握人才培养的目标

通过学习，学校领导班子深刻认识到，一定要把德育工作放在首位。积极落实各项课程的教学方案，通过第一课堂确保党的理论、方针和政策在学生中得到贯彻。同时，积极推进思想理论课实践环节的教学，使第一课堂和第二课堂形成良好互动。

学校领导班子还十分重视辅导员队伍建设，大力推进辅导员队伍的专业化、专家化建设，通过思想政治专业技术职务聘任制度实施、心理健康教育与咨询区域示范中心建设、思想政治教育研究平台的搭建、加强职业素质、能力和资质培训等政策和措施，为辅导员队伍建设工作提供了体制和机制保障，营造了各级领导重视辅导员队伍建设的良好氛围，使辅导员队伍建设工作收到了良好成效。学校经过几年的努力，已形成了一支素质优良、结构合理、专兼结合、专职为主的辅导员队伍。

3. 推进全员育人，营造人才培养的良好环境

学校积极推进全员育人工作，在全校教师和干部中推行师生联系制度，要求每位教师和干部联系 2～3 名大学生，关心指导大学生成长，帮助大学生解决学习、生活和就业中存在的各种困难。通过师生联系制度的实施，在全校教师上下形成了育人大中心的良好氛围，学校连续多年保持了较好的就业率，毕业生受到了社会和企业的欢迎。

（二）以破解学校发展难题为重点，加强班子能力建设

学校领导班子能力建设主要体现在提高驾驭全局、科学决策的能力，化解矛盾、解决自身问题的能力，经营学校、领导发展的能力，以及应对突发事件、处理危机的能力。

1.加强科学决策，提高班子驾驭全局的能力

一是重视班子的民主决策程序，实行重大问题由领导班子集体决策，提高决策效率。决策中遵循教育教学规律，以师生为本、以教学为中心、以科研为先导、以学科建设为龙头，正确处理好工作重心与工作中心的关系，处理好人才培养、教学工作与其他工作的关系。

二是针对学校发展的难点和焦点问题，经常深入教学第一线，深入实际，倾听呼声，了解师生意愿，集中师生智慧，厘清工作思路，把握工作重点，创造性地开展工作。

三是切实重视师生的利益。凡是涉及教职工、学生利益和实际困难的事情，竭尽全力办好。

四是充分发挥教代会、工会与各种教师团体和学生团体在决策中的作用，充分听取意见，使学校班子的决策更加民主、更加科学和更加合理。

2.明确工作重点，提高领导学校发展的能力

当前，学校正处于发展的关键时期，也正处于一个重要的转型期。主要表现为以下几个方面。

第一，学校面临着整体搬迁，不仅有校园建设资金的压力，更有大量的思想政治工作要做；第二，学校正在大力拓展学科建设，多学科协调发展还需要进一步巩固和提升；第三，学校人才队伍建设和人事制度改革还需要不断深化，尽管学校的师资总量已有所增长，但质量和结构的提升与转变，仍然是一个非常艰巨的任务；第四，过去长期由农业农村部领导，学校发展与经济、社会发展的结合和融合还很不够。

面对这些问题，学校领导班子逐一进行研究，制定相应措施。

首先，大兴调研之风，班子成员每学期都要到学院进行一轮调研，参与学院中心组的学习和讨论，针对各学院发展中的突出和关键问题，指导各学院开展工作。

其次，在全校各个层面中，开展各种形式的研讨和座谈会，针对教学、

科研、人才队伍建设、职务聘任与考核、服务社会等多个专题，集中全校教师与干部的智慧和力量，推进各项工作的深入开展。

再次，针对各项重大工作，如搬迁工作、校庆工作等制订专门方案，成立专门机构，确保顺利实施。

最后，在重大问题的决策过程中，充分调动和凝聚各方的力量，发挥各级工会、共青团组织和离退休教师的作用，形成推动学校发展的重要合力。同时，学校根据社会发展的需要，不断调整专业与学科结构，积极服务社会，主动融入经济和社会建设，在服务社会中积极争取政府、企业和社会各界对学校发展的支持。

3. 抓住发展主题，提高处理解决复杂问题的能力

为强化发展意识，在全校树立这样的理念：一是不进则退，慢进也是退；二是要用发展的眼光看待发展中的矛盾，用发展的办法解决学校发展中的问题；三是要解放思想，实事求是，与时俱进，开拓创新，抢抓机遇；四是厘清发展思路，明确发展方向，通过集思广益，科学合理地确定各阶段发展的主要任务。

学校推行了新一轮教学改革、人事制度改革、考核与分配改革，并在全校推行任期目标责任制，通过不断深入推进综合改革，充分调动了广大教职工的积极性和主观能动性，使各种深层次的问题和矛盾得以有效解决或缓解，为学校发展营造了一个良好的外部环境和氛围。

（三）以制度建设为抓手，完善班子决策机制建设

坚持民主集中制，坚持集体领导、民主集中、个别酝酿、会议决定，这是领导班子制度建设的核心。

第一，坚持和完善党委领导下的校长负责制，坚持党委统一领导，书记"统揽不包揽，放手不撒手"，支持校长依法行政，相互配合支持，团结共事。

第二，切实发扬民主，让每位班子成员充分发表自己的意见，正确处理好正职与副职之间的关系，使领导班子成为既有分工又有合作的整体。

第三，不断建立和完善科学、民主、高效的内部议事规则和决策机制等民主集中制的各项领导制度及工作制度，从制度体系上，有效地保证民主集中制的正确执行，提高学校领导班子的科学决策水平。

第四，以民主生活会为重点，严格学校领导班子内部的政治生活。坚持学校领导班子民主生活会制度，不断提高民主生活会质量，形成"心齐、劲足、气顺"的良好局面，促进班子的团结和整体效应的发挥。

在实际工作中，学校还主要抓了三方面的制度建设。

一是坚持重大问题由校领导集体讨论的制度，健全党内组织生活制度和民主生活会制度。

二是加强班子的团结协调，正确处理好贯彻民主集中制原则中的各种关系，在制度中要求班子成员做到相互补台不拆台、相互支持不扯皮。

三是大力推进校务公开、政务公开，制定信息公开制度，明确公开内容、程序和方案，重点推进干部任命、职务聘任、考核分配等各项政策、制度实施程序及其结果的公开。

四是加强民主管理、科学管理，不断推进校、院两级管理体制建设，充分调动二级学院自我管理、自我发展的办学积极性和主动性，不断提高二级学院的办学活力。同时，学校还通过定期举行党代会、教代会和学代会等形式，保证了广大党员、教职工及学生对学校的重要决策和管理行为的知情权和话语权。

（四）完善班子监督和约束机制，提高拒腐防变能力

学校当前正在推进新校区的建设，工程建设任务重大。学校班子特别重视廉政建设。积极推行公开选拔、竞争上岗的新机制，使干部选拔任用工作在规范化上有了明显的改进；积极结合学校实际，建立健全各项规章制度，涉及学科建设、教学管理、科研管理、人才和师资队伍建设、财务和国有资产管理、干部人事管理、党建和思想政治工作、精神文明建设、安全稳定、后勤服务与管理、文件处理和档案管理、校园网络管理等各个方面，使学校各项工作基本做到了有章可循，有规可依。认真贯彻有关规定，在基建中，班子成员不得插手招投标等项目，确保工程有序推进。

同时，在学校领导班子中认真开展党风廉政建设教育，提高领导干部拒腐防变的能力，明确责任制，不断加强干部队伍思想作风、工作作风建设，不断解放思想，为学校快速健康发展提供强有力的保障。

三、以督察工作促进学校科学化管理

督查工作从本质上讲，是领导工作的延伸。在学校工作中，它促使各

级认真执行上级的各项决策，学校党政研究布置的工作得以有效贯彻、落实，各类重点、难点问题得以及时处理，各类政策、措施实施情况得以及时反馈。

（一）对做好督查工作的基本认识

思想认识到位、加强制度建设、做好服务沟通，是做好督查工作的三个重要方面。

1. 思想认识到位

全校上下对督查工作的认识到位，是督查工作顺利推进、形成上下联动、确保学校各项工作部署、顺利完成的基础保证。督查工作是学校工作的重要组成部分，是保证学校决策顺利有效实施的重要手段，是提高工作效率的有效措施，坚持经常的、认真的、实事求是的督促检查，对于了解情况、改进作风、发现问题、堵塞漏洞、总结经验、加强管理，具有很大的促进作用。学校升本后既有各种发展机遇，也面临各种挑战。学校督查工作要紧紧围绕学校的工作中心，突出督查重点，改进督查方法，加大督查力度，增强督查实效，为推动学校重大决策、重要工作部署的贯彻落实提供优质高效服务。全校上下都能深刻认识到督查工作的重要性和必要性，抓机遇、抓落实、求实效、促发展，成为全校上下的共识。清醒的思想认识，为督查工作顺利有效开展夯下了扎实的基础。

2. 加强制度建设

督查工作是一项系统工程，除有一定思想认识做基础保证，还需要完善的运行机制予以保障。根据文件精神，借鉴兄弟高校的经验并结合学校实际，明确了学校督查工作的目标任务、主要内容、工作程序和要求，以及落实责任制的具体规定，包括责任制度、检查制度、报告制度和通报制度，为规范开展督查工作提供了必要的制度保障。这样，学校的督查工作起步即规范有序，各部门有章可循，办公室督查有据可依。

3. 做好服务沟通

督查工作牵涉学校的方方面面、上上下下，办公室督查人员放下姿态，与各职能部门在一个层面上进行沟通协调，并指导、帮助解决一些具体问题，积极做好各项服务。共同推进督查事项的完成，以此赢得各职能部门的理解支持。具体做法是：

第一，交任务，完善督查工作责任制，坚持领导负责、分级承办的原则，明确办公室主任是督查工作的责任人，各部门负责人是本部门的第一责任人，形成一级抓一级的工作格局。

第二，做服务，既要明确部门文书管理员的督查职责，又对其工作进行指导，定期培训，及时交流。

第三，常沟通，根据不同类型的督查事项，分不同层面进行沟通，并及时了解或协调解决一些瓶颈问题。督查秘书则经常与部门的文书管理员了解文件、领导交办等专项事项的落实情况。办公室与各部门之间即通过多方面的经常性沟通，增进理解配合，确保学校各项决策和重要工作部署真正落到实处。

（二）督查工作的主要做法

根据学校决策运行系统的要求，办公室将学校督查工作划分为四大类：一是学校党政年度工作计划的计划督查。二是上级和校党政重要会议精神和决策事项的落实督查。三是各类文件及领导批示落实情况的文件督查。四是领导交办事项、学校领导和群众关心的热点、难点问题、信访和稳定工作等方面的专项督查。办公室以"五个结合"为着力点，稳步有序地推进督查工作。

1.坚持督查工作与日常工作相结合，努力提高工作效率

根据工作性质和人员实际情况，办公室将督查工作与日常工作开展相结合，办公室主任作为督查工作责任人，其他工作人员对各自所负责的工作开展相应督查，做到办公室内部督查工作全覆盖。在日常工作中，注意把握督促与检查两者的关系，不仅要督促"是否办"与"何时办"，还要检查"如何办"与"办得怎样"积极发挥领导支持、两办合一的优势，加强与各部门的联系协调，不断提高督查工作的效率和影响力。

2.坚持全面督查与重点相结合，及时做好立项分解

首先，办公室将学校年度工作计划的落实，列入全年重点督查。计划经学校党政相关会议讨论通过后，办公室即根据各项工作的性质，明确主办部门与协办部门，明确时间节点，并强调主办部门牵头负责制。计划的分解立项表由分管领导审阅和书记、校长审定签发后，正式行文下发各部门，这也是办公室全年工作计划督查的起点和依据。

其次，办公室把握其他各项督查工作的特点和规律，开展全面督查立项。一是对各类文件上领导的批示意见、批示事项和信访事项的督查，通过文件

转办，通知主办部门及时落实。二是对会议决策事项的督查，根据会议要求，形成会议纪要，分解下发各相关部门并跟踪督查。三是注意把握规律开展督查立项，提高督查工作的前瞻性。

3. 坚持督查工作与协调、指导工作相结合，积极开展督查跟踪

在实施督查过程中，注意发挥办公室的综合协调作用，通过督查，及时发现存在的问题。对于部门之间因工作交叉落实不顺利的，及时报告分管领导，并协调有关部门提出解决思路或方案，报学校研究定夺；对于工作落实中的变化情况和不可控因素，通过督查掌握承办部门遇到的困难，及时报告学校领导协调解决；对于学校领导关注的工作，或者落实时间有一定周期的工作，办公室则通过督查持续跟踪，不断向领导反映进展情况。有效的协调和沟通，不仅解决了有关部门的实际问题，更重要的是，通过督查协调，各部门看到了办公室督查工作在推进落实中的作用，增强了彼此谅解，进而促进了督查工作。

4. 坚持督查工作与部门群体考核工作相结合，加大工作力度

在研究部门群体考核指标体系过程中，办公室作为参与研究的部门，在学校党政领导的支持下，将督查工作、公文处理工作等基础工作列入部门群体考核指标，占有一定的分值，从而进一步加大了督查工作力度。当然，此举也是双面刃，它对督查工作提出了更高的要求。目前我们学校认真总结经验，会同有关部门进一步完善督查考核指标，加强平时基础工作的量化积累，使对各部门的考核更为合理科学，更为有力地推动督查工作上水平。

（三）督查工作取得的成效

督查工作有力地促进了学校各项决策、措施的贯彻落实。督促检查工作确保了学校决策、工作部署及领导批办、交办事项及时落实，并取得了实实在在的效果。

督查工作有力地助推学校的跨越式发展。升本建校的这几年，学校紧紧抓住某"四个中心"建设，尤其是国际金融中心建设和浦东新一轮开发开放的良好机遇，深化改革。加强内涵建设，取得了跨越式发展的实绩。在这个过程中，作为促进实施跨越式发展重要决策的有力抓手，督查工作发挥着重要作用。在各有关部门共同努力下，学校相继成立了教学质量保障体系建设工程领导小组，制定了评教制度，加强专业课程精品建设，一系列针对性

的举措，保证了教学质量的稳步提高和办学特色的日益凸显。

督查工作保证了领导及时了解决策的执行情况，推进工作落实。督查反馈的有价值信息，有利于领导了解和掌握决策执行情况，了解决策执行的初步效果，对领导进一步决策提供了参考和依据。尤其是阶段性督查，能够及时发现重要工作落实过程中的新情况、新问题，及时反馈给领导，以保证领导科学决策，促进有关工作按期完成。

第三节 扁平化行政管理模式的探索

一、扁平化行政管理模式概述

（一）扁平化的行政管理模式

组织机构是组织管理活动的载体，高校高专院校管理创新，必须以组织机构创新为保证。高校高专教育的培养目标，决定了高校高专院校的战略管理目标；高校高专院校在高教系统所处生态环境的位置及其变化，决定了高校高专院校战略目标的变化。高校高专院校的管理组织结构，应追随战略目标的变化而创新，结构追随战略，组织结构随着战略的变化而变化。一些学院根据上述理论，在学院内部着力进行扁平式管理组织结构的构建，以及决策层次与执行层次管理组织的建设。

1. 扁平式管理组织结构的构建

扁平化管理是管理层次少而管理幅度大的一种组织结构形态。所谓扁平式组织结构是从最上面的决策层到最下面的操作层，中间相隔层次极少。它尽最大可能将权力向组织结构的下层移动，让下层单位拥有充分的自主权，并对产生的结果负责。其特点是管理层次少，管理人员也少，可以节约管理费用。在学院扁平式结构中的领导者，就是学院的董事会。董事会既是设计师，也是公仆，还是教职工。作为设计师，其工作就是对组织要素进行整合。董事会不但设计组织的结构，以及组织的政策和策略，更重要的是，设计组织发展的基本理念。公仆角色表现在其为学院的发展服务、为学院的发展提供主动的动力支持。作为教职工，其首要任务是界定真实情况，协助组织成员正确、深刻地把握真实情况，提高组织成员对组织系统的了解和实现工作目标的能力。

2.扁平化管理体制体现了学院行政管理工作的人性化

扁平化的管理结构以学生为中心，教师为学生提供优质教育和服务，管理者为教师提供优质服务。这不是由下向上负责，而是由外向内负责。所以，扁平化管理体制怀着十分的信任，充分授权，使职责权相一致，是一种人性化的管理模式。当然，由于扁平化管理跨度较大，上下级协调较差。管理幅度的加大，也造成同级间相互沟通的困难。所以，这种管理模式特别强调团队协作，强调各部门的协调配合。

3.执行层次管理组织的建设

在扁平式管理组织结构中，执行层次是网状结构的多重联结点。系（部）就属于执行层次。它上联校领导和各职能部门，下联师生员工，横向联结校内兄弟学院或系（部），外部联结校企合作单位、实训实习基地、传统生源基地和毕业生就业对口行业与部门等，是学院战略决策执行主体中的关键成员。系（部）的主要职能包括：组织力量实施学校决策；对下属的工作进行检查和控制；与校企合作单位和基地保持紧密联系，开展活动；对执行过程中的各类信息进行处理和反馈。

在管理运行上，学院重新修订和完善干部与职工岗位责任制，向全体教职工公布岗位分工，确定学校组织决策权向"扁平结构"移动，突破传统的"高层管理者思考，基层人员执行的"模式，使每一个人的思考与行动合为一体。学院实行中层干部对分管工作负责制，赋予中层干部管理与决策的权力。学校总体目标根据部门的岗位责任，层层分解和落实，各部门结合自身实际，制定相应的考核标准，激发广大干部职工工作的责任意识和主观能动性，切实提高工作效率，进一步提升学校的办学质量和效益。

学院在管理组织结构执行层次的建设中，十分重视强化职业取向，在管理岗位设置、专业建设和管理人员选聘上，都根据高校高专教育的特点，进行深度考虑，以满足高校高专教育职业性的需要。

二、健全考核评价机制

（一）加强宏观决策调控，全面推行两级管理

学院针对合并组建初的行政管理体制的新情况和新问题，加强宏观决策调控的职能，强化目标管理，建立层次清晰、规模科学的院系两级管理体制和运行机制，实行岗位责任制、目标责任制和行政问责制相统一的管理机

制，真正发挥系、部的积极性和自主创新精神，做到让教职工满意，让师生员工受益，确保改革工作有序、稳妥、顺利地进行。

1. 推行两级管理制度，提高行政管理水平

学院进行了行政管理的重大改革，推行两级管理制度。学院与各系部、处室作为两个不同的管理层次，各自承担相应的责、权、利，以形成"学院掌控全局，各系激发活力"的新局面。学院主要通过制定总体规划、发展目标与内部政策，筹措与分配办学经费，实施综合考核和提供服务等手段，对各处级单位进行管理。学院职能部门为教学第一线提供高效率的服务和保障，负责贯彻学院的决策，依职权对各系工作进行测评。系作为办学实体，负责实施学院的规划和决策。这样，通过权力下放，理顺院系关系，使学院从繁杂的行政事务中解脱出来，一心一意抓事关学院全局的大事，也使各系、部有事可做，有权做事，做到分工明确，责任明晰，形成各级管理人员"勇于创新、敢于负责、善于协调"的工作机制，进一步提高学院行政管理水平，提升办学实力，推进和谐校园建设。

2. 调整管理机构体系，实行规范行政管理

学院通过撤、并、转，调整院内机构。例如，为了加快信息化建设，整合学院计算机专业师资，规范网络管理，将原计算机教研室和网络中心合并为现代教育技术中心；为了加强基础建设，保障学院扩建工程顺利实施，成立了基建办。根据学院招生规模的扩大和发展的需要，增设了系、教研室等教学机构，充实了教务处、科研处、计财处和学生工作办公室等职能部门。学院在纵向上确立了院、系（部、处、办）两级管理体制，横向上明确了各系部、职能部门的职责分工，形成了完整的管理机构体系。同时，严格控制编制，管理机构的设置严格遵循科学、精简、效率的原则，对各部门实行定编定岗，不随意扩编，杜绝超编。做到机构精简，办事高效，协调有序，运行良好。

（二）健全考核评价机制，不断提升管理水平

以健全考核评价机制为抓手，通过改革用人制度，强化岗位职责，从根本上解决按人设事、资源浪费、效益低下的问题。通过改革分配制度，拉开收入差距，实行院系两级管理体制的改革，较大力度地实行纵向权力结构的调整，管理重心下放。通过后勤社会化改革，使后勤规范分离，逐步实现社会化、市场化和专业化。自我发展、自我约束的良性运行机制逐步形成。

1. 考核工作的组织领导

学院成立考核工作领导小组，下设考核工作小组（由相关职能部门参加，实行"席位制"），负责对处级单位的考核。考核的日常工作由学院考核工作小组负责，办公室设在人事处。各处级单位均成立考核小组，负责各自的考核事宜。

2. 考核的基本方法

学院对所有处级单位实行综合考核。考核采取"民主测评、双向评价、多元综合、量化激励"的方式。考核的项目及计分标准事先公布，通过对各方面工作的民主测评，决定得分多少。各系部、各职能部门之间就工作实绩和管理水平进行双向评价。考核的项目按照各自的工作特点设计，尽可能从各方面进行全面测评。考核综合得分与获得的奖金直接挂钩，对排名前三位的单位，予以加分奖励。

3. 对各系的综合考核

对各系的考核，分为教学工作、科研工作、学生管理、精神文明建设和日常行政管理五个方面。教务、科研和学工等职能部门，分别负责对各系的相关工作进行测评。各项测评数据均赋予不同的权重，综合考核的得分由各项测评得分汇总而成。

4. 对党政管理等职能部门的考核

学院对党政管理等职能部门的综合考核，分为目标完成、工作质量、日常行政管理、精神文明建设、廉洁守纪和相关部门评价六项。各测评项目均赋予不同的权重，由相关部门打分，综合考核分由各评项得分汇总得出。

5. 考核奖金的确定

学院提供一定的经费，作为对各处级单位进行综合考核的激励款项（简称"考核奖金"）。每年考核奖金的数额依据学院的财力确定。为了强化激励作用，对全院处级单位综合考核得分进行排名，对第一名、第二名和第三名，分别给予增加三分、二分和一分的奖励。学院还通过校务公开、纪检监察等渠道公告、公示，加大对考核工作的监督。

（三）建章立制，加强领导，为提高行政管理能力提供保障

1. 建立健全各项规章制度

对学院独立设置前的所有规章制度进行全面清理调整，对已经过时不用的予以废除，对与学院发展需要不符的予以修订，对仍然没有规范的，抓紧制定，使学院的各项管理工作有章可循，规范有序。

在教学及管理的各个环节中，制定相应的制度，形成了由教学研究与教学改革、教学管理、教务管理、课程与教材建设和实践教学管理等内容构成的教学管理制度体系。在科研管理方面，对学科建设、学术研究、科研工作奖励和科研成果管理等，制定切实可行的规章制度；人事管理方面，大力推行人事制度改革，实行聘用制和职员制，完善教职工的聘用、考核、工资、福利、报销、离退休与档案管理等各项制度。在学生管理方面，进一步修订学生管理规定，明确学生的权利与义务，规范学生的在校行为。学院其他各项管理制度，也都进一步完善，实现了学院各项工作的制度化和规范化。

2. 大力加强管理干部队伍建设

目前，学院大多数管理部门的负责人都由教授、副教授担任。组成了年富力强的中层管理干部队伍。学院近几年还招聘一批高学历的青年管理人才。另外，通过转岗和解聘等方式，调整了不适应岗位需求的管理人员，优化了行政管理队伍结构，行政管理队伍的年龄结构、学历结构、专业结构和职称结构进一步合理化。

学院努力提高行政管理人员的素质，增强行政管理人员的责任意识、服务意识、大局意识、创新意识和角色意识。加强理论学习，增强党性觉悟，提高政策水平，担当"管理育人"的重任，模范高效地服务于学院的中心工作。学院注重对行政管理人员的继续教育和业务培训，改善他们的知识结构，提高文化素质、管理素质和业务水平，使他们树立现代管理理念，熟知学校管理的各个环节，积累现代管理经验，提高研究和解决问题的能力，从而促进学院行政管理队伍的整体素质不断提高。

关心行政管理人员的生活和待遇，是稳定行政管理队伍的关键。学院非常重视改善行政管理人员的待遇，为他们解决后顾之忧，在评定职称、晋升工资和住房补贴等方面，将他们与教师及科研人员一视同仁，吸引管理人才加入行政管理队伍中来。在提高行政管理人员待遇的同时，学院也为他们

提高业务能力和管理素质创造条件，定期开展业务指导和培训，并选拔优秀的管理者参加校外进修和出国考察研修，做到管理岗位不仅吸引人，而且能留住人、激励人、培养人，使学院行政管理队伍在稳定中得到发展，在发展中保持一定的稳定，确保学院行政管理工作的连续性和有效性。

通过两级管理和建章立制，学院逐步建立了科研工作、教学工作和总务后勤等内部评价体系，形成了较为完善的内部评价规范系统。在学院改革与发展的进程中，学院将继续推进行政管理体制的改革，开拓创新，不断进取，进一步提高教育教学质量、学术水平和办学效益；充分发挥学院长期发展所形成的办学优势和特色，努力培养基础扎实、具有创新精神和实践能力的应用型、复合型人才，使学院成为高水平人才培养、高层次决策咨询，和发展教育文化事业的重要基地，在国家的经济建设和社会发展中，发挥更加重要的作用。

三、建立校务公开长效机制

（一）党政高度重视是校务公开形成长效机制的前提

在学校建设和发展中，学校党政领导应该重视与尊重广大教职工民主管理和民主监督的权利，把全心全意依靠教职工办学，作为推进学校外延拓展和内涵建设、全面提升办学水平、创建现代化特色大学的重要举措，作为加强党风廉政建设的有效途径。

不断完善教代会制度，赋予师生更多的知情权、参与权和监督权，组织教职工广泛参与学校和学院各项重大事务的决策和管理。采取多种形式，及时发布信息，主动征求和听取群众意见。

这当中，有各种会议形式，包括校党委全委扩大会、全校党政干部会、党委中心组学习会、全校教职工大会、民主党派人士代表座谈会、离退休人员学校工作情况通报会和各种座谈会等。有各种公文形式，包括各种文件、公告、通报、通知和信息简报等；有各种媒体形式，包括充分利用校报、校园网络、校有线电视台、广播站、宣传橱窗和公告栏等，使群众及时了解和掌握学校的改革与发展情况。

（二）建章立制是校务公开长效机制建设的关键

在推进校务公开的工作中，学校应重视相关的制度建设，明确学校实施校务公开的目的和意义，校务公开的原则、主要内容、主要形式及组织领导，把涉及学校改革发展的重大决策、财务预决算、学校重大工程建设项目、干部聘任、住房补贴、领导干部的推荐与选拔、民主评议和党风廉政建设等，纳入校务公开的内容。

在校务公开的实践中，学校要把民主管理作为校务公开的重要途径，把坚持和规范民主程序作为工作重点，每年召开一次教代会，坚持校长报告制度、财务报告制度和涉及教职工利益的文件审议制度，使民主办学深入人心。让代表们以主人翁的精神，充分发扬民主，参政议政，对提出的方案做出充分审议，集思广益，提出不少积极的建议，通过了其中有关人事制度改革的四个文件，使学校的改革方案更加完善。

（三）校务公开长效机制的组织保障和执行机制

学校高度重视管理程序的科学性和公平性，进一步完善各类管理和决策运行程序，健全党政联席会议和校长办公会议工作体制，建立并健全领导、专家与群众相结合的民主决策、民主管理和民主监督的体制与机制。

第一，为切实加强对校务公开的领导，学校成立了校务公开领导小组，负责校务公开的领导、组织和实施。领导小组组长由党委书记担任，副组长由分管校领导担任，成员由党委办公室、校长办公室、工会、纪委（监察处）、人事处、教务处、学生处、研究生处、财务处、资产管理及保障处、招生办公室、成人教育学院和教职工代表等职能部门负责人组成。

第二，校务公开工作领导小组下设办公室，负责处理校务公开的日常工作，办公室设在校长办公室。

第三，校务公开工作领导小组下设信息反馈办公室，负责监督校务公开的日常工作和信息反馈，办公室设在工会。

第四，各部处由专人负责落实业务范围内校务公开的相关事项。

（四）二级民主管理是校务公开形成长效机制的基础

1.充分发挥教代会的主渠道作用

在推进校务公开中，学校充分发挥教代会的主渠道作用，认真落实教会各项职权，并把教代会作为推进校务公开的基本载体，加大对学校改革发展的参与力度。定期召开教代会，使教职工通过民主程序，积极参与制定学校发展大计，把学校改革与发展的重大决策和举措、涉及教职工切身利益等的重大问题，作为校务公开的重点，提交每年度的教代会审议与表决。校长每年向教代会报告工作，学校财务每年向教代会报告财务预决算执行情况，学校综合体制改革的八个配套文件，都经教代会代表审议并表决通过，使教代会更制度化和规范化。教代会闭会期间，学校注意发挥教代会民主管理委员会和生活福利委员会两个专门委员会的作用，每两个月召开一次会议，由校领导通报重大校情，及时听取教职工的反映。

各学院制定了民主管理制度，坚持每年召开一次教职工代表大会或教职工民主管理大会，使广大教职工有更多的参与权、知情权和监督权，畅通教职工表达意愿和参与学院管理的渠道与途径，促进了院务公开工作。

2. 积极进行二级民主管理的实践

近两年，高校以二级教代会建设为抓手，通过二级教代会加大基层教职工民主参与、民主管理的力度。学校目前已实现了二级学院 100% 召开教代会的目标，并健全了二级教代会的相关制度，将学院（教学部）发展规划、教职工岗位职责、考核办法与分配办法等新一轮改革方案，和涉及教职工切身利益等重大问题，提交二级教代会审议、表决，使教职工既是制订改革方案的参与者，又是执行者。学校中已形成每年召开二级教代会的制度，较好地发挥了教职工参与民主管理的主人翁积极性和创造性，推进了学校教学科研等各项工作。

由于二级教代会加大了基层教职工民主参与和管理的力度，较好地贯彻了学校教代会精神，抓住学院发展这一教职工关注的热点，讨论的议题与教职工切身利益密切相关，得到了广大教职工的积极参与，也完善了二级学院的改革方案。

（五）校务公开长效机制形成的特色

1. 重视发挥工会在校务公开工作中的积极作用

学校在推进民主管理和校务公开工作中，重视发挥各级工会组织的作用，通过工会联系教职工群众，把广大教职工最关心和最需要解决的问题，及时反映给党政领导。为发挥工会在院务公开中的作用，明确要求部门工会主席参加会议，制度上保证了工会干部有更多的发言权。这有助于工会就学院制度、骨干选拔与培养、教职工奖金分配和福利待遇等问题，代表教职工提出想法和意见，使党政领导的主导性意见得以完善。同时，工会干部可以进一步了解校情和院情，有针对性地做好群众工作，营造人人关心、人人参与的局面，齐心协力实现学校与学院的发展目标。

2. 以"三个相结合"稳固校务公开的长效机制

经过实践，高校在民主管理建设和校务公开等方面已初步形成以下制度：上半年召开校教代会，总结过去一年的工作，规划新一年的目标；下半年召开二级教代会，贯彻学校教代会精神，修订有关实施办法。

在此基础上，高校形成了"三个相结合"的工作特色：一是将大会工作与闭会工作相结合；二是将学校工作统筹与学院具体工作相结合；三是将重大问题与常规工作相结合。制度化的、与工作实际紧密结合的校务公开内容，稳固了校务公开的长效机制。

学校实行校务公开以来，广大教职工依照有关法律和规定，积极参与学校及本部门的民主决策、民主管理和民主监督，促进了依法治校工作和民主政治建设，加快了管理的制度化和规范化，以及决策的民主化和科学化进程，加快了学校教学管理和改革的深入发展。

第四章 高校教师人事档案管理

第一节 高校人事档案的概述

一、高校人事档案的含义及作用

（一）高校人事档案的含义

高校人事档案是人才信息的重要载体，是记录和反映教职员工个人学习、工作和生活经历有关情况的原始记录。它准确、真实地呈现了高校教职员工德、才、能、绩各方面的表现，能反映出他们的工作表现、奖惩情况、行为轨迹、家庭历史背景和经历的各种重大事件。因此，其管理工作的好坏优劣，直接影响着高校的人才选拔、任用，关系到学校教学水平的提高和科研层次的提升，制约着高校的人才培养的质量水平和长远发展战略的实施。高校人事档案管理工作，虽然内容比较庞杂，但总体来说，主要是指人事档案材料的收集、鉴别、整理、保管、转递与利用等环节。在工作对象上，它既要与物（纸质材料、电子材料）打交道，又要服务于人（教职员工）；在工作属性上，它既有主动性，要从高校各个相关部门、院部等收集原始材料，又有被动性，要服务、服从于学校发展和教职员工的各方面的需要；在工作要求上，它既有传统性的一面，大部分时间要按照要求和基本流程做好文档的收集、归类和利用，工作枯燥、单一，又要不断学习、与时俱进，引入现代化的管理。因此，总体上看，高校人事档案管理工作是一项富有挑战性和开拓性的工作，地位和作用不容忽视。从其对高校发展的功能上看，首先，管理好作为学校发展轨迹和教职工个人成长经历记录的档案，能协助各高校根据自身的历史和发展，提出比较符合其特点的办学定位、指导思想，还能不断提升高校内部干部和教师的管理水平和业务能力。其次，它是高校组织、人事工作的重要组成部分，能为单位选拔、聘用和晋升等工作提供真实依据和凭证，是干部工作和人才工作的重要工具。只有全面考察教职工个人经历和不同时期的德、能、勤、绩、廉的表现，才能历史、全面地了解每一个人，做到人尽其才，才尽其用。再次，人事档案是教师教学和科研情况的真实凭证。人事档案管理工作，在人才引进与培养、人才政策制定方面具有举足轻重的作用，它是高校实施人才强校战略的必要条件。近年来，学术理论界围绕高校人事档案管理工作进行了诸多方面的分析和探讨，在理论建构和实践操作层面，都提出了很多新的观点和做法。

（二）高校人事档案的作用

1. 人事档案的凭证作用

高校人事档案与其他各类档案相比，其凭证的价值不仅具有法律效应，而且更加具有现实效用。这是由于它个人的经历、思想品质、业务能力经过组织认可的真实记录。从内容上看，人事档案由组织定期布置填写的履历表、年度考核表、鉴定表、学历、职称、政审、党（团）材料、奖罚、工资待遇、任免等各种材料组成。它在个人的工作及生活待遇方面，都起着极其重要的凭证作用。

高等学校的人事档案管理是高等学校人事管理工作开展必须具备的条件。在高等学校中，人事档案对于人事管理工作有着凭证性的作用。在对学校工作人员进行任用、罢免、调动及人才选拔方面都提供了非常重要的参考价值。通过对人事档案的查阅及分析，能够很方便地了解到这个人的基本情况和信息，由此能够看出高等学校的人事档案管理是高等学校人事管理工作开展进行必须具备的条件。

2. 人事档案是选拔和培养人才的重要依据

人事档案具有双重作用，一方面它是在人事管理的活动中形成的，反映了组织对个人培养的过程，是个人历史的记载，一个人如果缺少了个人的档案，是难以得到社会认可的。另一方面人事档案又服务于人事管理和组织的发展，通过掌握齐备的人事档案，可以使组织及时准确地了解每个人的工作经历、思想品德、业务能力、技能状况、工资待遇等情况，为任用干部，评聘专业技术职称提供重要依据。由此可见，人事档案在干部队伍的年轻化、知识化、专业化建设中，在加强人才的保障和干部梯队建设中有着不可替代的作用。

高等学校的人事档案管理工作为高等学校的人事管理提供相关的参考依据。在高等学校的人事管理工作中，对于高校人事档案的管理在其中起着非常重要的参考价值。高校人事档案能够清晰地将每个人以往的工作经历和基本情况反映出来，因此能够对学校人事管理部门在对学校的人事进行管理时提供一定的参考依据。目前情况下，对于人事档案的管理已经受到各高等学校人事管理者的关注及重视，学校普遍也都成立了相关的认识档案管理部门，能够很方便地开展人事档案的管理工作，进而为学校的人事管理提供合理的参考依据。

3. 人事档案在开发人才资源方面的作用

社会的发展紧紧依赖于科学技术的进步，而科学技术的进步又取决于人才的素质，人才资源的开发已成为科技进步和促进经济发展的重要因素。作为人才信息"缩影"的人事档案，在开发人才资源方面起着积极的作用。向学院人才信息库提供各种有价值的信息，院校组织部门可以根据人才信息库提供的信息，及时发现能人，避免埋没人才，使各种人才扬其长、避其短、司其职、用其智，最大限度地发挥人才效益，并且使部门之间、系统之间、单位之间的人才合理流动，避免产生人才积压和所学非所用现象。

高等学校的人事档案管理工作是高等学校人事管理工作中非常重要的一个组成部分。在高等学校中，是否有一个比较完善的人事档案管理对于高等学校人事管理工作的顺利进行，以及高等学校人事管理的相关规章和制度的改革及完善和人员岗位的调动都有着很重要的作用。通过合理的对人事档案进行管理，能够很方便的给学校在员管理方面提供合理的意见，进而促进学校的改革与发展。因此，必须努力地将人事档案的管理工作做好做完善，有效地提高档案的整体利用效率，真正地发挥出人事档案应有的价值，为学校的管理作用起到一定的推动作用。

（三）高校人事档案的意义

高校人事档案工作是高校组织人事工作的重要组成部分，是高校干部工作、人才工作的基础性工作。只有将反映教职工个人经历和不同时期德、能、勤、绩、廉表现情况的全部材料及时准确、完整地集中起来，有条理地整理成卷，才能历史、客观、全面地了解高校里的每一位成员。同时，只有具备完整真实的人事档案材料，才能真正发挥高校人事档案的作用，做到人尽其才，才尽其用。

1. 高校人事档案工作是干部选拔和任用的重要基础

面对飞速发展的知识经济环境，高校要求得生存和长远发展，就必须拥有一支革命化、知识化、年轻化、专业化的技术干部队伍。这就需要学校人事部门对各类人员的综合情况了如指掌，建立准确完整的人事档案管理机制，从而有效及时地为学校管理者提供有价值的关键信息和数据。

2. 人事档案工作是实施人才强校战略的必要条件

人事档案工作在高校管理工作中具有导向和联结作用。从当前高校现实来看，人事档案是高校档案的重要组成部分，是高校人事管理资料的核心内容，也是高校人事工作的基础工程。做好人事档案工作，对于高校人才的培养与引进、人才预测以及人才政策的制定等方面都具有十分重要的作用。在实施"人才强校"战略的背景下，加强人事档案工作，建立科学有效的人事档案管理制度，可以为发现人才、识别人才、培养人才、使用人才提供真实、准确的信息。

3. 高校人事档案工作是学校人事管理工作的重要依据

随着高校人事分配制度改革的不断深化，人事档案已成为一所高校教师职称评定、履行岗位职责、考核等方面的重要依据。一方面，由于高校中专业技术人员较多，职称作为评价其德、能、勤、绩的重要依据，作为他们切身利益的重要保障越来越被重视。在使职称评定更加规范化，真正做到公平公正方面，人事档案可以提供可靠有效的鉴定材料。人事部门根据本人档案提供的有关依据，综合其平时表现，提出合理化的评审意见和建议。另一方面，利用人事档案，结合单位自身特点和各专业人员的岗位职责，建立和完善考核制度，制定可操作的检查、考核标准以及监督措施，根据专业技术人员完成工作的数量、质量、效率、效益、职业道德等综合情况，细化、量化考核标准，可以及时调整受聘人员的岗位。

4. 高校人事档案工作是教师教学和科研情况的真实凭证

教师是高校教学过程中的主导因素，教师队伍的素质、水平直接影响教学质量乃至所培养人才的质量。而人事档案具有系统反映每位教师的业务能力、学术水平、工作业绩的历史真实情况的凭证功能。此外，随着科学研究在高水平大学的建设中发挥着越来越重要的作用，科技人才的人事档案可以帮助学校各级领导在组织和实施科学研究中确定研究方向、选择科研课题、设立科研机构和组建科研队伍，进而组织强有力的科研团队，形成知识和智能结构合理的课题组。因此，人事档案在科学研究工作中具有选才作用。

二、高校人事档案的内容及特征

随着我国高等教育改革的不断发展与高校办学规模的不断扩大，高校之间人事流动日趋频繁，信息交流日渐扩大，使得高校档案业务量急剧增加，档案信息内容与应用更为复杂化和多元化，呈现出诸多特征。了解现代高校档案建设中的趋势特征，对于提高高校档案管理质量与效率，实现高校档案制度化、信息化管理具有十分重要的意义。

（一）科学的档案制度化特征

制度化是群体与组织发展、成熟的过程，也是整个社会活动规范化、有序化的变迁过程。实现高校档案制度化管理是高校档案建设的重要方面，主要包括高校档案收集制度、高校档案管理制度两个方面的内容。高校档案收集制度是建立高校档案的首要环节，制定档案收集的相关程序制度是实现收集工作规范化、有序化的重要保证，必须严格把关，确保档案收集的全面系统。在管理制度方面，需要采取科学合理的管理原则，建立档案管理机构组织，建立档案管理网络，形成一个自下而上的有机体。此外，高校需要建立有效的档案辅助机制，如档案运作机制、教育机制、评估机制、奖惩机制、承诺机制等。

（二）全面的档案信息化特征

高校档案信息化建设是指利用信息技术工具获取、处理、传输、应用档案资源，提高档案管理效率与效益，发掘和整合档案资源，向社会提供更多有价值的档案信息，从而实现档案信息资源共享。因此，在高校档案信息化建设方面，首先，要转变观念，正确认识档案信息化建设的重要性，加大组织领导力度，提高信息化建设的主动意识。其次，要加强档案信息数据库建设。加快数据库建设进程，丰富档案数据资源储备，为高校档案信息化做好后台数据库支持，并为政务信息化大型基础数据提供核心资源，逐步实现高校馆藏档案信息传输网络化和利用在线化。最后，网络安全建设是信息化建设的重要条件。为了防止档案信息的损毁和遗失，必须减少操作失误、保证设备正常运转、防止病毒感染与黑客攻击等。对于涉密信息，要制定合理严格的档案信息化安全保密制度，建立严格的监控机制，引入科学实用的网络安全应对策略，使用物理隔离和逻辑隔离等多种安全防范手段，并注意做好纸质档案的保存和重要电子档案的异地备份工作。

（三）多渠道的档案管理模式特征

首先，高校馆藏模式需要由传统单一的纸质档案向电子档案转化，这一转变不仅能真正实现海量存储，还能使文件传输、处理、归档保存更加快速、长期、有效。其次，高校档案管理重点需要从档案实体管理向档案信息化管理转变，使得高校档案管理模式向多渠道、多途径拓展。然而，"重收集轻开发""重保管轻利用""闭架借阅""你查我调"等传统做法已不能满足当今社会发展的要求。因此，只有多形式加强档案管理模式创新，才能使档案管理工作更加科学、有效。

（四）多形式的档案服务意识特征

要提高高校档案利用服务的质量与效率，必须树立适应高等教育发展与人才培养要求的档案利用服务观念。一是全面服务观念，通过各种服务方式与方法满足学校内、外用户的利用需求。二是主动服务观念，摒弃被动的传统服务观念，主动寻找用户。三是及时服务观念，在第一时间内满足档案用户的利用需求。四是优质服务观念，在准确把握用户利用需求基础上提供档案利用服务，帮助用户获得资料。

（五）周期性的档案评估机制特征

周期性的高校档案评估是对高校档案管理条件、档案质量、管理水平的全面考核，是提高高校档案质量、提升办学水平、扩大社会声誉的重大举措，对于增强高校办学实力、拓展发展道路具有重要意义。通过周期性评估，有利于促进档案工作的整顿、改革和建设，提高档案管理效能，从而形成一种周期性的自查、自评、整改和自建的长效机制，以此为档案管理日常运行机制提供质量上的监控与保证。同时，通过周期性评估有利于进一步加强国家对高等学校档案工作的宏观管理，促使各级教育主管部门重视和支持高校档案工作，促进各高等学校自觉按照档案管理要求不断明确档案管理指导思想、改善档案管理条件、加强档案业务建设、强化档案管理要求、深化档案管理改革、全面提高档案质量和档案效益，促进我国高等教育档案管理水平的提高。

（六）"以人为本"的档案服务模式特征

倡导"以人为本""人本管理"是现代管理学的重要理论。"以人为本"中的"人"，对于高校档案管理工作而言，包括两个方面内容：即作为主体的档案工作者和作为客体的档案用户。档案工作的三要素为：档案管理人员、档案和档案利用者。其中作为主体的档案工作者是最基本、最重要的因素，是联系档案实体与档案利用者的桥梁。档案工作者的业务水平、工作能力、文化素养、创新意识、敬业精神越强，则高校档案管理的整体水平越高。因此，高校档案工作要"以人为本"，首先要以档案工作人员为本。此外，高校档案管理的"以人为本"，还体现在服务工作中，即以用户为本，服务至上。档案用户一般分为两大块：单位用户和个人用户。当前，部分高校档案的利用服务工作仍存在着重部门、轻个人的现象，即只重视为校内各单位、各部门提供利用服务，而忽略了对个体档案用户进行服务，这是导致当前档案利用率较低的一个重要因素。因此，在档案服务工作中，应当以"用户"为本，从用户的需求、动机等因素出发，最大限度地满足各种用户群的利用需求。

第二节　高校人事档案管理的基本原则

一、人事档案管理工作

人事档案管理是人事管理工作中不可缺少的一个重要组成部分，是人事工作的基本条件之一，直接影响到单位和个人的工作效率和质量。认识新时期高校人事档案管理的特点和作用，分析存在的问题和不足，切实做好高校人事档案管理工作，对于促进高校各项工作及经济社会发展进步具有积极的意义。

（一）注重宣传，强化管理，提高对高校人事档案工作重要性的认识

高校档案部门一要采取多种措施增强全校师生对人事档案管理工作的了解与支持，如经常利用高校宣传栏，宣传人事档案相关知识；积极参与学校的人事政策调整、人才选拔、工资晋级、职务晋升等工作，以优质的服务获得人们认知，促使更多的人了解人事档案工作及其在高校工作、社会生活中的重要作用。二要健全各项规章制度，制定符合校情的实施细则，明确人

事档案部门的职责范围，赋予其必要的管理权限，突出档案管理的行政管理职能。三要形成坚强的组织保证，建立一个以主管校领导牵头、档案馆负责、各职能部门具体实施的网络式责任制，提高监管、反馈的整体意识，努力使人事档案工作走上规范化发展的轨道，确保人事档案材料的科学性和完整性，创建管理与服务之间的和谐氛围，使人事档案在被社会认可的同时，被人们所关注和重视。

（二）充实内容，增加信息量，确保高校人事档案的实用性和真实性

一方面要根据高校特点，以新的人才标准来更新档案内容，通过补充内容，更全面、更直观地反映个人的综合素质，通过档案收集材料的全面、科学、完整，提高人事档案的全面性、客观性，增强实用性。为有效充实人事档案内容，人事资料的收集工作应体现出如下原则：一是注重档案材料的多样性。人事档案部门应主动与各档案材料形成部门沟通联系，及时将反映档案当事人业务水平、工作实绩、学习进修以及在从事岗位工作过程中形成的聘约、合同等最新材料及时纳入档案管理，并从大量的人事档案材料中去粗取精、去伪存真，从源头上确保人事档案内容的完整、真实；二是注重"活信息"的收集。将以电子文本、数据库及相关程序、多媒体资料、各类网页、图形、图片等材料及时收集，并对人事档案材料收集实行动态跟踪；三是注重特色档案材料的收集；四是探索通过现代化手段建立人才业绩跟踪系统，将最新的业绩信息不断充实到人事档案信息管理系统。另一方面，真实性是干部人事档案的生命，档案材料的内容必须准确可靠；只有实事求是地反映一个人的情况，档案才能成为提拔干部、录用人才、调资、专业技术职务晋升、离退休、出国政审等人事工作的重要依据。因此，要严把"三关"即材料审查关、材料转入关和档案转递关，避免失真档案信息入档，增强真实性。

（三）更新手段，强化利用，保证高校人事档案信息功能的实现率

人事档案原始地记录了当事人的个人经历、德才表现及发展历程，是历史地、全面地考察人的重要依据。因此，在相关法律法规允许的范围内，对高校人事档案信息进行开发利用是促进高校人力资源合理配置的重要手段，也是发挥人事档案信息功能的有效途径。可以探讨的途径有：一是建立职工信息数据库，为人力资源管理服务；二是积极创造条件，开展诸如人才信息报道、信息咨询、信息调研分析等深层次服务；三是在正确处理好利用

和保密关系的前提下，组建各类人才信息库，以反映各类专业人才个性特点和专业特长的信息，使学校在选才时，用其长，避其短，更大限度地发挥人才效力；四是建立高校人事档案信息管理系统，实现个人基本信息的联机网络检索和联网查询，用现代化手段管理和提供利用，为用人单位选才提供保障。此外，从保护人事档案原件和提高利用率的角度出发，必须大力开发电子档案，提高人事档案信息化建设水平。要利用计算机、扫描仪等现代设备和现代技术，将人事档案资料整理输入计算机，通过相应的技术处理，将文字图片、声像资料转换成数据信息，实现人事档案纸质与数据格式并存。即使不能完全建立电子信息系统，也应将有关档案信息进行计算机处理，以方便自动检索统计、加工整理、及时更新和提取利用，提高人事档案工作效率。有条件的地方还可参照教育部学历查询网的做法，建立人事档案信息网，将个人可以公开的一些信息上网公布，方便用人单位查阅；在档案管理部门之间建立网络链接，通过局域网实现档案信息资源的共享，最大限度发挥作用。当然在人事档案信息利用过程中，要注意使用权和管理权问题，严防失密。

（四）人本管理，建设队伍，提升高校人事档案管理人员的专业性

人才队伍建设是高校人事档案工作发展的关键。因此，实施人本管理，在保证人事档案部门有一定专业人才的基础上，进行合理的人力资源规划与管理，是高校人事档案管理发展的必然要求。建设一支高素质的档案管理人员队伍始终是高校人事档案管理工作的重点。随着近几年高校的快速发展，高校人事档案管理的状况发生了较大的变化，加之人事档案管理的信息化建设，使原有的管理队伍面临着如何在新的形势下适应新情况、解决新问题，这就要求我们的管理人员要与时俱进，不断提高自己各方面的素质。一是实现人力资源合理配置。在加强人事档案队伍建设方面，要确保档案管理工作人员数量，并且要以主要精力从事人事档案工作。二是实现人力资源人性管理。学校领导应加强对人事档案工作人员的关心和体贴，在日常管理中注入人情化手段，尊重他们的价值，倾听他们的需求，提高他们的合理待遇，以人为本，营造档案部门的人文氛围。

二、高校管理人事档案应坚持的原则

（一）专人管理、分级负责

高校的人事档案管理是一项政策性强、业务要求高的基础性工作，应

由人事部门配备专人收集整理。工作人员必须认真学习党的干部人事工作方针、政策和高校档案工作的专业知识，熟悉人事档案的有关规定，掌握整理人事档案的基本方法和技能，做好收集、整理、补充等工作。人事档案的业务工作应注意协调好与校档案管理中心及和各院系的关系，接受本校组织人事部门和上级业务部门的检查指导。

（二）一人一档，真实可靠

人事部门在收集清理人事档案过程中，应本着"一人一档"原则，对同名异人、张冠李戴的材料要及时清理出来，对其中有价值的材料交由文书档案或有关部门保存，组织不需要保存的退给本人，不宜退给本人的报主管部门销毁。

（三）突击性收集和经常性收集相结合

突击性收集是指一次性、有计划、广泛地收集工作，如高校引进人才时对新进教职工人事档案进行的整理。经常性收集是指贯穿在人事部门日常工作中的一种补充性的收集工作。如每年的年终考核情况表、教职工晋升职称后的职称材料等都要由人事部门审核后补充进档。

第三节 高校人事档案管理的方法及要求

一、加强领导，强化人事档案意识

档案意识是人事档案赖以存在和发展的基础，是人们对档案和档案工作了解的程度和认识水平。高校人事档案工作不是一个完全封闭的系统，它的生存与发展受制于社会、单位领导与档案形成者。目前，我国政府对档案的重视程度越来越高，不仅出台了相关的档案法规，同时也建立健全了相关的档案机构以及有关制度政策。教职工对人事档案的重视程度也在不断地提升。作为管档人员，要积极争取领导的重视和支持，将人事档案工作纳入工作计划，加大经费投入，确保足够的人力、物力和资源配备。向教职员工宣传人事档案工作的重要性，使人们认识到，干部人事档案是组织上考察、了解、用人和培养人的重要工具，是开发人才信息资源的源泉，对于档案形成者本人，则是维护个人权益、福利，落实党的政策、待遇，澄清问题的可靠凭证，它和个人的成长与发展密切相关。要认真贯彻落实好《中华人民共和国档案法》，按照法律和政策规定，本着对党负责、尊重历史、服务于人民的态度和责任感做好档案工作，使人们理解、重视和支持人事档案工作。

过去，人事档案在人们心目中比较神秘，甚至在某些方面决定着一个人的前途和命运。因此，突出人事档案管理工作的政治性和保密性是一个重要特点，同时也使得相关领导和管理人员易在思想意识上形成一种"保管型"观念。而现代社会的发展，使得人事档案管理工作在作用和性质上发生了一些变化，尤其是在高校，作为现代高等教育、科研和技术创新的前沿阵地，需要的是开放、民主和充分利用人才的良好氛围，深入了解本校人才的状况，做到人尽其才。因此，转变传统观念，树立现代人事档案管理意识包括：提高领导对人事档案管理的重视意识，提高管理人员的责任意识和职业道德素养，提高对人事档案信息资源的开发利用意识，使得人事档案管理工作在信息资源的利用上真正发挥促进学校发展的应有作用。

为增加教职工的档案意识可印发高校人事档案制度汇编；开展有关知识讲座、培训；在干部会上宣传人事档案的重要性；将人事档案的十大类需归档内容挂在校园网上，以便大家平时加以收集、积累，及时存档。

二、完善制度建设，确保人事档案的齐全、完整和真实

完善制度建设是做好人事档案工作的重要保障。结合学校实际情况，坚持按照八项制度的要求逐步健全档案室的一系列管理措施，使档案管理工作有章可循、有法可依，使人事档案管理工作更加标准化、规范化、制度化。要主动与人才交流中心沟通，争取把人事代理人员的档案转至本单位，由单位的组织、人事部门统一进行管理，改善人事档案管理分散的局面；在引进人才方面，做到"先见档，后进入"；要增强责任心，严格把好档案关，坚决杜绝擅自改档现象的发生。

人事档案是人事工作的一个重要组成部分，档案室是人事工作服务的窗口，要发挥档案的作用，要以人为本，以服务为本。在日常工作中，档案管理人员要做到嘴勤、腿勤，善于主动联系、掌握信息，根据形势的需要，主动向形成材料的部门收集材料，发现不齐全、不完整的，管档部门要主动催要，及时补齐，确保职工档案能够不断得到充实和完善。要勤于鉴别档案内容的翔实，精确检验档案质量的标准。在档案整理及收集材料过程中，做到认真鉴别，发现问题及时解决，对有些材料归档不及时的，当即进行催办，对一些有明显问题的材料，要及时纠正，限期改正后归档。增强监管机制，在一定范围内增加人事档案的透明度。

在管理体制上，必须按照《普通高等学校档案管理方法》设立档案综合管理室或档案馆，实行集中综合管理体制。其次，按照该校人事档案的类别，即干部档案、教职工档案和学生档案，根据对人事档案信息资源的不同需求，可以分别采取纳入管理模式和非纳入管理模式，这样既可以节约不必要的人力、物力，实现各负其责，又可以兼顾人事档案的保密性和利用率，从而提高管理的效率。再次，为了避免人事档案管理中的工作漏洞所造成的材料失真问题，必须建立完善的人事档案工作制度。针对高校的特点制定归档制度，把归档范围、归档途径、归档时间、归档手续和归档要求落实到每一个相关人员，形成一整套查阅、传递、材料收集、清理、整理的体系，使人事档案管理工作有法可依、有章可循、职责分明，从而提高工作的科学性和规范性。

三、建立高素质的档案人才队伍，提高人事档案工作质量

档案人员素质的高低直接关系到档案工作的好坏，要做好档案工作，必须建立一支思想素质、业务素质和知识素质很强的档案人才队伍。

经济社会的发展推动了档案事业的发展，特别是信息时代的今天，从事档案工作的人员面临着政治素养、文化知识、专业水平和操作技能等方面的挑战。档案工作是一项政策性、法规性很强的工作，其性质决定了从事这项工作的人必须具备良好的政治思想素质。管档人员要热爱档案事业，有高度的为人民服务的事业心与责任感，树立法纪观念，以国家的法律和档案法规规范自己的职业行为；要有淡泊名利，无私奉献精神；要尊重档案，尊重历史；树立严格的保密观念，养成良好的保密习惯，确保档案在政治上的安全。建立良好的学习机制，有计划地对在岗人员进行岗位培训与继续教育，全面提高档案人员的专业知识素质，培养复合型、多方位的档案工作人才，使档案工作人员在能力、智力、成绩、学历和资历等诸方面得到提高。

要通过多种途径积极提高管理人员的业务素质和综合素质。这方面包括：建立优胜劣汰的业务能力考核制度，建立公开、公平的奖惩制度，对档案管理人员的业务能力水平和工作表现进行定期考核，采取对业务能力水平和工作表现不佳的同志进行警告、责令改正，甚至调离工作岗位等措施，

营造一种压力与动力并存的有效机制，通过激发档案管理人员的危机意识来激励他们通过多种途径提高自身的业务能力水平；着实为他们提高业务水平和综合素质提供种种便利条件，如对自觉参与业务学习的人员进行时间和财力上的支持，鼓励他们积极参加继续教育和业务培训；对在岗人员进行在职学习与全面系统培养相结合，自学提高与脱产培训相结合。其次，高校应为人事档案管理提供必要的"物"的因素，如计算机等设备的购置，既可以鼓励和实现人事档案管理人员采用现代管理工具，取代传统落后的手工管理手段，又可以实现资源共享，有利于人事信息资源的开发利用，从而提高管理的实效。

四、加强人事档案现代化管理手段，提供科学、全面、高效的服务

信息化社会给传统的档案工作带来了巨大的影响和冲击。只有以现代化的管理方式和手段来提高档案工作的效率和质量，档案事业才能获得应有的地位，发挥更大的作用，档案事业本身也才有光明的发展前途。

要努力实现高校人事档案管理现代化，运用电子计算机技术，实现人事档案管理的自动化；运用网络技术建立用人单位、上级主管部门和高校内部的局域网和广域网，使不同的利用者能够共享人事档案信息资源；运用现代光学技术，实现人事档案缩微化；运用现代技术提高人事档案保护水平；运用现代化管理手段，完整、准确、高效地为领导决策提供各种人事数据，为合理配置、使用人才，及时有效地在更大范围内开发人才提供科学、全面和及时的服务。

第四节 高校人员聘用制度下的人事档案管理

当前，全国各地高校正普遍进行以人事制度改革为重点的新一轮内部管理体制改革，目的在于"转换机制、优化结构、增强活力、提高效益"，促进高等教育的深入发展。在高校实施人事制度改革的过程中，高等学校内部的一系列管理制度必然要发生革命性的变革，如多数高校进行的内部分配制度、教师职务评聘机制等项改革、实行绩效考核等。人事档案工作作为人事管理工作的重要组成部分，也必须顺应潮流，做出相应的变革，才能适应高校发展变革的需要。根据中共中央、国务院关于人事制度改革的政策，高

校聘用制的实施将成为高校人事制度改革的必然。于是以人事制度为基础的人事档案制度，也必然要迎接这一挑战，以适应时代的变化，促进自身发展。

一、聘用制对高校人事制度改革中档案管理的影响

聘用制的实施，对高校人事档案管理工作产生了深远的影响。人事档案管理工作将面临新的机遇与挑战，人事档案工作者应认真分析，对工作的各个方面、各个环节进行相应变革，才能适应聘用制发展的要求。

（一）聘用制对档案工作程序的影响

聘用制下人事档案管理工作必然面临着管理流程的重组。高校原有的人事档案文件的收集、整理、价值的鉴定、保管、提供利用、档案编研等工作环节将会呈现出新的特征。随着人事制度改革的逐步深化，人才的竞争更趋激烈，高校人才流动将更加频繁，这就需要人事档案工作积极与档案人建立紧密的联系，及时将具有保存价值的档案材料整理归档。档案的整理工作也将从片面强调保管的有序化、条理化、轻利用的模式向有利于人事档案利用的模式转变，力图在尊重和维护档案本质特性，保持档案文件之间的历史联系的同时，更多地考虑方便利用，探索用多样的整理方法来满足不同利用者的需求，并保证材料的精练。在人事档案提供利用方面，要简化利用程序，尽可能地以多样化的服务，高效、快捷地使人事档案成为社会公共服务领域重要的参考依据，成为高校人力资源开发的信息库。

（二）聘用制对档案内容的影响

事业单位人员聘用程序是一个动态的过程，要经过若干阶段或步骤，人事档案要系统地记载和反映这些阶段的不同特点、不同内容，以全面直观地反映本单位教职员工在聘用过程中的全貌，作为继续聘用或晋升的依据。聘用制下人才流动将更加频繁，于是对人才诚信的了解将被提上重要议程。人事档案中应扩展原有的收集范围，注重于收集个人和社会生活中信用状况的原始记录。

二、实行聘用制形势下高校人事档案管理的对策

随着高等学校岗位聘任制的实行和制度的不断完善，对人事档案工作提出了更新、更高的要求。人事档案工作在管理的策略及方法上需要重新审视和改进的地方突出体现在以下几个方面。

（一）提高人事档案工作的认识

做好人事档案工作必须提高各级领导和工作人员对聘任制人员档案管理工作重要性的认识，并给予充分支持和高度重视。要以《中华人民共和国档案法》为基础，健全各项规章和奖惩制度，制定符合各自学校校情的细则，明确人事档案工作的职责范围，赋予其必要的管理权限，突出档案管理的行政管理职能，视之为一项长期的基础工作一抓到底。并建立一个以校长牵头，主管校长负责的层层责任制，形成涵盖所有部处、科室的有效网络，提高上下监管、反馈的整体意识，努力使人事档案工作走上最佳的轨道，确保人事档案及相关材料的科学性和完整性，创建管理与服务之间的和谐氛围。

（二）人事档案管理标准化

标准化是实现干部人事档案工作现代化、信息化的重要手段，是科学管理的重要组成部分。没有标准化，就没有专业化，就没有高质量、高速度。标准化是干部人事档案工作现代化的基石，是实现科学管理的必要条件，是提高工作质量和效率，节约人力物力的技术保证。高校人事档案管理标准化，前提之一就是人事档案材料实体的标准化。使聘用制下高校人事档案工作的实现档案信息的现代化采集、处理、传输和利用等工作的标准化。

（三）提高档案人员的整体水平

许多高校的档案管理人员水平不高。这是由于人们对人事档案工作的认识还停留在起初的收发、整理、剪裁等最基本的文秘工作的阶段，认为只要工作态度端正即可，根本不需要一些高学历、高文化背景的人去做，所以导致一线工作人员的业务水平偏低。但是，这种情形在实行全员聘用制的情况下，直接违背了"公开、平等、竞争、择优"的用人原则。我们应该对从事人事档案管理的人员进行培训、激励、考核机制，竞争上岗；要形成合理的人才梯队；还要保证工作的连续有效性；也可以聘请专家作专场的报告或现场的技术指导，扩大我们的眼界。总之，要真正选出那些有良好的服务态度和工作热情，能够胜任工作并且有活力、有热情、有条不紊地人员充实队伍，并进行合理的有计划的培训、培养，使人事档案工作成为一个培养人才的良好有效的平台，让每一个寻求服务的人"带着困难而来，带着满意的微笑而去"，让人事档案工作在突出管理职能的同时走上正规的服务化道路。

（四）建立高校的兼职档案信息员队伍

在学校建立兼职档案信息员队伍，定期培训。学校各部门指定专人收集、整理、归档、上缴本部门的纸质、电子人事档案资料。

（五）建立长效发展机制

聘用制下加强高校人事档案管理，对档案工作者来说，是一项迫切而复杂的任务，在具体工作中一定会遇到各种各样的问题，必须有现代化的技术和管理手段做保障。可能考虑的途径有：①培训培养一批档案部门自己的技术队伍，解决档案信息资源开发利用中的关键技术问题；②建立专家咨询委员会，对工作中出现的问题和争议提供参考意见；③实行开放式的人才管理模式，密切与技术力量雄厚的单位联合和联系，解决人事档案管理过程中的尖端技术难题。

其次，要确立服务保障机制。不断拓展服务领域，创新服务机制，变被动服务为主动服务，建立教学、科研单位与档案部门的横向联系，进一步整合相关学科科技创新人才资源，实现优势互补，共同推进人事档案建设。同时，要健全信息共享机制，联合进行档案信息资源的开发利用，促进基础研究、应用研究和科技成果的转化。

人事档案管理工作的推进显然不是一朝一夕能完成的。在其发展变革的过程中，还将涌现出许多新的问题，还要涉及更为广泛的社会领域。但是，在广大人事档案工作者的努力下，一定能集各学科人才聪明才智之大成，使人事档案工作更好地服务于高校和社会的发展。

第五章 高校中人力资源成本管理

第一节 高校人力资源成本管理的理论基础

当今世界进入了知识经济时代，人力资源成为社会最宝贵的财富之一。人力资源的开发、利用、管理，将成为人类和社会经济发展的关键的制约因素。

高等学校是典型的人力资源密集的组织，它的人力资源包括教职工和学生。作为高等学校"经营"成果的载体——学生，最终将进入社会的各个组织，为这些组织未来创造收益服务。因而，高等学校的人力资源信息，不仅为本单位教育投资效益分析提供必需的资料，也向有关各方（包括国家主管部门、监督部门、学校管理部门、学生个人和家庭、学生毕业后的工作单位或继续接受教育的单位等）提供关于教育投资水平现状和教育投资运用情况的会计信息，满足有关各方的需要。充分重视、认识和了解在人力资源会计的进一步研究和推广工作中所存在的问题，使这些问题得到最终解决，将促进人力资源会计的理论研究和实践工作的进一步深入开展。

一、高等学校人力资源成本管理的相关理论

进行人力资源成本管理，需要以一定的理论为基础。人力资源会计理论、教育经济学理论等，都是人力资源成本管理的相关理论。其中，人力资源会计理论，是进行人力资源成本管理的最主要理论。

（一）人力资源会计的基本理论

1. 人力资源会计的含义

人力资源会计是计量和报告组织的资源——人的成本和价值的程序，把人的成本和价值作为组织的资源而进行的计量和报告，分为两大体系，一是

用来计量组织投资于招募、选任、雇用、训练与发展人力资源与重置现有职工成本的人力资源成本会计；二是用来计量被视为组织资源的人力价值（人力组织的价值）的人力资源价值会计。

人力资源会计是在运用经济学、组织行为学原理的基础上，与人力资源管理学相互结合、相互渗透所形成的一类专门会计学科，是对组织的人力资源成本与价值进行计量和报告的一种程序和方法，是会计学科发展的一个全新领域。

2. 人力资源会计的假设

任何一门学科的建立，都有其基本前提即基本假设。

会计假设是会计系统得以运行的前提条件，人力资源会计也需要相关假设作为基石。其假设前提有以下几点。

（1）主体资源假设

主体资源假设即假设人力资源，是会计主体所拥有和控制的资源，人力资源会计核算和控制的是组织内部这一空间范围内的人力资源，组织之外的人力资源不属于人力资源会计的核算对象。

（2）存续假设

存续假设即假设人力资源，在可预期的未来期间存续，这里包含两层意思。一是人力资源的载体在可预期的未来会计期间持续存在，不考虑以后的消亡。二是在可预期的未来，该人力资源始终存续在组织之内，为组织拥有和控制。

（3）可以计量假设

可以计量假设即假设人力资源的成本与价值，是可以计量的。这就构成了人力资源会计赖以存在的前提之一。同时，人力资源的成本与价值计量，应该以货币计量为主，并辅以充分的非货币计量手段。

（4）管理影响假设

管理影响假设是指人力资源会计信息能够反映组织业绩和发展潜力，并促进管理进步。一方面，可以满足组织外部会计信息使用者，对人力资源会计信息的需要，作为决策的依据。另一方面，使组织管理者认识到人力资源会计内在功能，推动人力资源会计的应用和完善，促进人力资源管理水平的提高。

3. 人力资源会计的作用

人力资源会计除了能为组织管理者、外部投资者、债权人、政府有关部门和公众，提供有关企业人力资源变化的信息，满足各方面对这类信息的需要外，还有以下几个方面的作用。

（1）有利于国家进行宏观调控

通过人力资源会计提供的信息，政府机构可以了解整个社会的人力资源开发和利用的信息，政府机构可以对人力资源开发管理先进的企事业单位给予优惠政策，对不重视人力资源建设的企事业单位，采取相应的指导措施。国家还能在宏观上控制人力资源的总量和结构，并促进人才的合理流动。

（2）有利于组织管理者制定合理的经营管理决策

人力资源会计所提供的信息，可以促使组织管理者重视人力资源投资，进行合理的人才资源经营管理决策，克服组织短期行为，使组织在激烈的市场竞争中生存和发展。

（3）有利于加强人力资源的管理

建立人力资源会计，一方面，创造一种珍惜爱护人才的良好氛围，激发员工的工作热情和活力。另一方面，促进员工自觉学习，提高自身素质，增强组织的核心竞争力。

（4）有利于保障劳动者的人力资源权益

人力资源权益的确立，使组织的员工能因其所拥有人力资源的所有权，而享有与物质资本投资者一样的剩余索取权，从而改变了以前由物质资本投资者完全独占剩余索取权的不合理现象。劳动是价值创造的唯一源泉，劳动者应该依自己所拥有的人力资源的所有权，而成为企业的所有者并得以与物质资本投资者共同分享利润。

4. 人力资源会计的分类

按照会计目标对会计信息的不同要求，人力资源会计可划分为人力资源财务会计和人力资源管理会计。其中人力资源财务会计包括人力资源成本会计和人力资源保障会计。人力资源管理会计包括人力资源价值会计、人力资源投资会计、人力资源供求预测和人力资源会计的职能。

5. 高等学校人力资源成本会计含义

在人力资源会计发展史上的第一阶段，就产生了人力资源成本的概念。

在第二阶段，研究者们开发出了一些人力资源成本的计量模型，并在试点企业的会计实践中进行了人力资源成本的计量工作。以后，各国研究者对人力资源成本的计量模型也进行了许多改进工作。因此，人们普遍认为人力资源成本会计是比较成熟的一种人力资源会计模式。

（1）人力资源成本会计的概念

人力资源会计主要研究两个相互联系的成本类型：一是与取得和开发人力资源使用价值有关的人事管理的职能成本，诸如进行招募、选拔、雇用、安排和培训人力资源等人事管理活动的成本。这些活动的成本是取得和开发人力资产的成本的要素。人事管理活动职能的成本会计可称为"人事管理成本会计"，它是人力资源成本会计的必要前提。二是人力资源本身的成本，而不是指进行人事管理职能本身的成本会计。它包含计量不同等级人员的取得和开发的成本，可称为"人力资产会计"。上述两方面构成人力资源成本会计。

人力资源成本会计是组织为取得、开发、使用人力资源，为取得及开发替代者以替代组织特定的人力资源的载体所引起的成本的计量和报告。

人力资源成本应包括取得人力资产使用权，提高人力资产使用价值、维持人力资产使用价值、结束人力资产使用价值、保障人力资源投资形成人力资源成本。

（2）高等学校人力资源成本会计的含义

高等学校人力资源成本会计，是视人力资源为有价值的组织资源、以货币为主要计量单位，对高等学校人力资源的成本价值运动（包括人力资源的取得、开发、调配、使用等）进行连续、系统地反映和控制的一门科学。

关于高等学校人力资源成本会计的界定，需要强调以下几点。

第一，高等学校人力资源会计的核算内容，是高等学校的人力资源成本价值运动，即体现在教职工身上的人力资源价值运动。该人力资源必须是高等学校拥有的资源，人力资源的成本必须是人力资源为高等学校提供服务时所实现的。

第二，高等学校人力资源成本会计的核算方法有两种。一是成本法，二是价值法。鉴于高等学校人力资源预计能创造的未来价值受诸多因素影响，预计创造的价值不仅有直接的，而且更多地表现于间接效果。比如，教师创造的价值表现是对学生道德观、人生观等潜移默化的影响，使用价值法将会带来很强的主观性，因此更宜使用成本法。

第三，高等学校人力资源成本会计的目标，是要揭示关于高等学校人力资源的成本信息，进行人力资源的估价和投资效果分析、录用高质量的人才，确定人力投资的方向和规律，为高等学校更有效地利用和管理人力资源服务。

第四，高等学校人力资源成本会计，以货币为主要计量单位，计量高等学校的人力资源成本。但是，这样还不能完全准确地反映出人力资源价值运动的全貌。因为人力资源是一种特殊的经济资源，它虽然具有某些与物质资产相似的属性，但同时还有其他资源所不具备的属性，即它的主动性、易变性和适应性，往往难以把其数量化。因此，高等学校人力资源成本会计还应与其他学科（行为科学、系统科学）交叉渗透，兼容并蓄，研究运用非货币计量模式，进行辅助考核。

6.高等学校人力资源投资会计含义

（1）高等人力资源投资会计的含义

人力资源投资会计，是对为了开发人力资源，提高人力资源使用效益而引起的各种人力资源投资的计量和报告。

人力资源投资的主体是国家、社会、企业、家庭和个人。因此，从理论上说，它们都可以成为人力资源投资会计的主体。

因为人力资源会计是对组织拥有或控制的人力资源的数据进行鉴别和计量，高等学校拥有或控制的人力资源的载体是学校的教职工，在高等学校里作为人力资源投资对象的学生，不是学校拥有或控制的人力资源。因此，严格地说，学校里学生人力资源变化的信息，不是高等学校人力资源会计核算的内容。但是，学生是学校教育活动的"加工产品"，学校是利用各方面的人力资源投资，来促成人力资本形成的主体，学校人力资源的价值运动，最终将体现在学生身上。学校是介于学生、家庭和企业、社会之间的桥梁，通过它最容易获得来自各方的人力资源教育投资的综合数据。同时，学校财务部门具备了较完备的会计核算体制，便于进行人力资源教育投资的核算，确定大学生的人力资源培养成本，能够提供比较可靠的人力资源教育投资的信息。在进行人力资源教育投资核算时，将高等学校作为人力资源投资会计核算的主体，无论从可行性还是从经济性上来说，都是一个较好的选择。

（2）人力资源教育投资的构成

人力资源教育投资主要由国家投资、社会投资、企业投资、家庭投资和个人投资等几个方面组成。

①国家投资

国家投资是指国家用于教育的财政支出和国家、地方财政分配给各产业、行政部门经费中用于教育的开支。迄今为止，没有一所学校真正地确定过国家投资具体地分摊到每一个学生身上的数额，这是因为没有建立人力资源教育投资核算体系，也没有按学生个人设立明细分类账进行明细核算。因此，学校要进行人力资源教育投资核算，就应将每个学生作为投资核算的对象，将国家的教育投资按受益情况分摊到每个学生头上，从而确定由于国家的教育投资而凝固在每个学生身上的那部分人才培养成本。

②社会投资

社会投资是指热心教育事业的个人或组织对教育事业的资助。对于学校来说，收到的这种资助也应直接或间接地记到受益者的明细账上。

③企业投资

企业的教育投资包括为使员工掌握必要的知识与技能，或提高企业的人力资源素质而进行的教育投资，这种教育投资已纳入人力资源开发成本进行核算。企业为了吸引人才、储备人才，而在学校设立的奖学金；企业出于赞助公益事业或出于商业目的，而资助教育事业所进行的教育投资等。在学校进行人力资源教育投资会计核算时，企业的这些教育投资都应分摊计入受益者的高等学校人才培养成本。

④家庭投资

家庭投资是指，家庭在子女受教育期间，所发生的与教育有关的费用支出。这种支出能促进人力资本的形成和积累，使受教育者在未来获取更高水平收益。

由于家庭在子女的大学学习期间所发生的相关支出，对子女的人力资本的形成和积累所产生的作用有所不同，因此是否将所有的相关支出都认定为家庭的教育投资，或认定为家庭的教育投资时，如何进行适当的变通处理，是计量家庭教育投资时必须解决的问题。

⑤个人投资

个人投资是指作为人力资源载体的个人，对自身进行有利于人力资本形成和积累的教育投资。个人投资是由于进行教育活动而产生的机会成本。

对于已达到劳动年龄的学生来说，机会成本是指因继续接受教育而放弃的在原有知识水平、能力经验基础上所能获取的货币收入。当学生在受教育期间因提供有偿服务（如参加勤工助学活动等）而获得收入时，则该学生实际放弃的收入，是他未直接参加工作所放弃的收入与他在校学习期间获得的兼职收入之差。

作为家庭和个人来说，在做出人力资源投资决策时，是要考虑机会成本的。例如，一位对其工作很满意的大学毕业生，在是否放弃现有工作而选择考研时，就要考虑机会成本问题。但是，正如人力资源成本会计核算中，对于人力资源开发成本、替代成本中的机会成本，不出现在财务记录中一样，在高等学校人力资源投资会计核算中，机会成本也不应计入人力资源培养的实际成本之中。

（二）教育经济学中的教育成本管理理论

教育成本管理属于教育经济学的范畴。教育经济学形成于 20 世纪 60 年代，是研究教育与经济相互关系的新兴边缘学科。

教育成本管理理论主要包括教育投资、教育成本构成、教育成本核算、教育成本的预测与计划、教育成本的控制和评估、教育成本分担、教育成本投资决策等几个方面的内容。其中，教育成本构成与教育成本分担，是教育成本管理理论的重要内容。

二、高等学校人力资源成本管理的研究意义

（一）高等学校人力资源成本管理研究的理论意义

人力资源是一种稀缺资源，是社会经济发展中最重要、最活跃、最有活力的第一因素。在现代社会中，人力资源，既是经济增长的决定性因素，也是可持续发展的决定性因素，它是高等学校的兴盛之本。高等学校的基本职能之一是，要为社会培养高质量的人力资源，这就要求高等学校首先要有合格的培养人力资源的人力资源。在其他社会资源一定的前提下，高等学校只有拥有高质量的人力资源，才能为社会培养出更多高质量的人才，才能为社会、为学校创造更高的经济效益和社会效益，使高等学校逐步提高水平和等级，从而更好地为社会主义经济建设服务。因此，利用人力资源，首先必须对人力资源进行投资开发，只有把人的才能开发出来，才能充分发挥人力资源的作用。而高等学校一旦对人力资源进行投资开发，就形成了严格意义上的资本——人力资本。不断地追加投资来开发人力资源，必然使人力资源价值得到增值，使它能创造出比投资开发成本更大的价值。

各级学校都应进行人力资源投资会计核算，向有关各方（包括国家主管部门、监督部门、学校管理部门、学生个人和家庭、学生毕业后的工作单位或继续接受教育的单位等）提供关于教育投资水平现状和教育投资运用情况的会计信息，满足有关各方的需要，也为本单位进行教育投资效益分析，提供必需的资料。

人力资源教育投资由小学、中学、大学各阶段各方面的教育投资所构成。在小学、中学阶段，学校没有专业之分，核算难度比较小；在高等教育阶段，人才培养趋向专业化，不同专业的人力资源培养成本存在明显差异，人力资源投资会计核算应该反映出这种差异。如果解决了大学生人力资源培养成本核算的问题，就可以将其经验向小学、中学推广，最终建立起各级学校的人力资源培养成本的核算体系。

（二）高等学校人力资源成本管理研究的现实意义

在传统的集权经济体制下，人力资源的调配、使用由国家统一安排，各个具体部门对人力资源的管理相对比较简单。随着市场经济的发展和人力资源的流动加快，劳务市场和人才市场，也逐步建立与发展起来。现实对人力资源管理提出了更高的要求，人力资源会计正是为了促进对人力资源的管理而产生的。

高等学校人力资源会计作为人力资源会计的一个组成部分，其核算对象是高等学校人力资源的价值运动，必将为促进高等学校的人才管理发挥巨大的作用。具体而言，表现在以下几个方面。

第一，它将为高等学校科学管理人才提供客观依据。通过把人才作为高等学校的经济资源进行考评，会使高等学校的财务指标体系更趋于全面客观，从而促进高等学校对人才管理的优化，提高教育投资的效率。

第二，利用高等学校人力资源成本信息，进行同类型学校之间的比较，可以找出差距，借鉴经验，正确评估各个学校的价值和成果。

第三，利用高等学校人力资源成本信息，进行历史数据比较，可以分析发展趋势，及时消除不利发展的因素。

第四，它将为其他行业进行人力资源成本管理提供借鉴。随着经济向前发展，人的因素在经济活动中的作用越来越重要，尤其是在某些组织更是如此，比如，高科技企业、金融机构和事务所，等等。在这些组织中，会计作为一种管理手段，将会在人力资源管理活动中大有作为，人力资源会计的生命力将在实践中体现出来。

第二节 高等学校人力资源成本的构成分析

一、高等学校人力资源成本的含义

（一）人力资源成本的定义

成本是指为取得预期的收益或达到特定目的，而在一定对象上所花费的货币性支出或代价。在这一概念中，涉及构成成本的四个要素，一是成本的负担者，即由谁付出代价或支付费用。在这里我们指的是企业以及其他单位或组织。二是成本归集的对象，即以什么为目标来归集付出的代价或支出的费用。三是成本发生的主体，即由谁或哪种行为引起的耗费。四是代价或费用本身。

将成本归集的对象确定为人力资源，即形成人力资源成本。它是为了取得和开发，以及使用人力资源而招致的牺牲。明确人力资源成本的概念，是进行人力资源成本分类、计量以及提供人力资源财务报告的基础。

概括说来，人力资源成本是指为了获得组织的人力资源，而发生的招聘、录用、教育、培训、使用、管理、医疗、保健、福利等方面的费用或支出。人力资源成本包括人力资源的取得成本、开发成本、使用成本、保障成本和离职成本。

（二）高等学校人力资源的特点

高等学校人力资源，是将高等学校中人的因素资产化处理，是高等学校拥有、支配并使用的各种具有劳动能力和社会财富创造力的人员的总和。它包括高等学校中的各类教师、科研人员、行政人员、一般职工，等等。人力资源作为高等学校资源要素中最重要的要素，是具体的、活生生的人，而人是有生命、有知识和创造力的一种复合体，因而人力资源要素与其他要素相比，具有自身的特征。

具体来讲，人力资源有如下特征。

1. 资源的主导性

在高等学校的资源诸要素中，人力资源始终处于主导地位。这是因为，在高等学校的教育活动中，人力资源是能动的资源，而其他资源则是被动的资源。自然资源、资本、信息等被开发和利用的程度，在很大程度上取决于人力资源的开发和利用程度。高等学校作为培养合格人才的主要阵地，培养人才的人力资源本身的各方面素质，直接决定着高等学校人才的培养质量。所以，高等学校要加强人力资源的开发和培养，加大人力资源的投入成本。

2. 价值的无限性

现代社会是知识经济社会，社会发展以智能型发展趋势为主。智能型劳动所创造的社会财富，其价值是体力型劳动所无法比拟的。人的智能和体能，是人力资源价值的主要体现。人的智能与体能相比，经过开发后会释放出更大的能量，具有更大的创造力，其价值将无法估量。人力资源价值的无限性，要求高等学校在加大人力资源的投入成本时，更要合理地配置人力资源，以求最大限度地发挥人力资源的作用。

3. 能量的潜在性

人的智能和体能，作为劳动能力客观地存在于人体之中，其存在形式主要有显能和潜能。就显能而言，是如何合理利用的问题；而对潜能而言，则需要不断地认识和开发。

所以，合理利用和开发人力资源的显能和潜能是高等学校管理者的首要任务，也是高等学校降低人力资源成本的一条重要途径。

4. 利用的时效性

人力资源以自身的再生产作为存在方式，这种存在有一个生命周期，其开发和利用要受到这个生命周期的限制。人的智力和体力与这个周期存在着相关联系，一般随着年龄的增长呈现上升趋势，智力上升较慢，体力上升较快，而上升到一定程度转而下降。同样，智力下降较慢，体力下降较快。可见，人力资源的有效利用具有时效性，只能适时地开发和利用，不能闲置或长期储备不用。这就要求高等学校要及时高效地利用所拥有的人力资源，以免造成人力资源不必要的浪费，人为地造成人力资源成本的提高。

（三）高等学校人力资源成本的概念

高等学校取得、开发、使用人力资源，要付出一定数量的成本和费用。这是因为人力资源既具有内在价值又具有外在价值。人力资源价值是内在地蕴含于人体内的劳动能力，外在地表现为一个人在劳动中新创造出的价值。人的体力、技能和知识，是劳动力资源内在价值的体现。一个人内在的劳动能力的价值，是只能推测、判断而永远无法准确计量的。但是，它创造出来的外在价值是可以用货币来计量的。因此，可以用外在实现的价值来作为衡量内在价值的一个依据。犹如商品的价值通过价格来表示一样，可以用新创造出价值的大小来衡量一个人内在的价值。人力资源新创造的价值中包含人力资源成本，投入到人力资源身上的成本最终要由人力资源自己创造出来。

人力资源成本具有质与量两个方面的含义。就其量的方面而言，是指支付给劳动力用以补偿其脑力劳动和体力劳动的消耗，维护人力资源的劳动能力，其实质是维持劳动力及其家属的生活资料的价值，姑且称之为补偿价值。通常表现为在劳动生产过程中投入的一定数量的劳动力而支付的工资或薪金、奖金、医疗、保险、福利费等方面的支出，可以将其作为人力资源成本的一部分。其质的方面，即为参与劳动生产过程的劳动力所具有的知识、技术、劳动熟练程度，及其他显现其能力而支付的重新取得、开发、教育、培训等方面的支出，为使用劳动力所必备的教育和训练费用。这部分费用也应计入人力资源成本。除了上述这两部分人力资源成本外，人力资源新创造的价值中还包括另外转化为利润的价值，姑且称之为转化价值，它是指劳动力资源给高等学校和社会带来的经济效益和社会效益。

高等学校人力资源成本主要是指高等学校为了获得开发、管理和维护人力资源而发生的招聘、录用、教育、培训、医疗、保险、工资、福利、使用、管理等方面的费用或支出的总和。

（四）高等学校人力资源成本的分类

高等学校人力资源成本依据人力资源成本与组织的关系、人力资源投资的主体、人力资源成本与职工的相关性，可分为若干类别，主要类别有职工人力资源成本和学生培养成本、社会成本和个人成本、直接成本和间接成本等。

1.职工人力资源成本和学生培养成本

职工人力资源成本是指高等学校为取得、开发、使用、保全自身拥有的人力资源使用价值而付出的代价。这些代价包括高等学校已支付的实际成本和应承担的损失成本。学生培养成本是指高等学校为培养学生所耗费的教育资源的价值。

2.社会成本和个人成本

社会成本是指国家或社会为培养人力资源，提高人力资源质量而支付的全部费用。个人成本是指职工和学生个人为接受教育或培训而支付的全部费用，以及因接受教育或培训而放弃的工作收入。

3.直接成本和间接成本

直接成本是指实际发生的费用，比如招聘费用、培训费用等。间接成本则指以时间、数量和质量等形式反映出来的成本，如因政策失误、工作业绩的低下而造成的损失等。对于高等学校来说，间接成本虽然难以用货币来准确衡量，但它的意义和影响往往会高于直接成本。

二、高等学校职工人力资源成本的构成分析

人力资源具体的成本范围，按历史成本计价原则，伴随高等学校人力资源的取得、拥有、使用、开发和管理等实际发生的支出，构成人力资源的成本，主要表现为人才引进、教育智力投资、人力资源管理支出，具体包括取得成本、开发成本、使用成本和保障成本。

（一）人力资源取得成本

人力资源取得成本是高等学校在招募和录取职工的过程中发生的成本，包括在招募和录取职工的过程中，招募、选拔、录用和安置所发生的费用。

1.招聘费

即招聘活动中的费用，包括招聘广告费、差旅费、招聘工作人员的工资和奖金、招聘活动日常办公费及其他支出。

2.选考费

在招聘活动中应聘者出现后，从中选拔、考核合适人选过程中的支出。比如，答辩费、考试费、身份调查费等。

3.安排费

指录用后调配安排到有关岗位过程中的费用。例如，到任差旅费、一

次性人才补贴费、特殊待遇支出、临时生活费等。

（二）人力资源的开发成本

人力资源开发成本是高等学校为提高职工的技能，为增加人力资产的价值而发生的成本，包括正规的学校教育培训费。

正规的学校教育培训费是指为了使职工获得一个岗位的工作技能及必备知识，而进行的教育培训活动的支出。比如，教师的报酬、图书资料费、教材费、学费、交通费、所用教学设备折旧费、组织管理人员工资、水电费、劳动者培训期间的工资、奖金及福利费等，同样也可把接受培训而耽误工作造成的损失计入在内。正规的学校教育培训费是最典型的人力资源成本。

（三）人力资源的使用成本

人力资源使用成本是高等学校在使用职工的过程中发生的成本，包括使用费、组织活动费、人力资源管理费等。

1. 使用费

指利用人力资源从事劳动，为补偿或恢复其体力、脑力消耗而直接或间接支付的费用。比如，工资或薪金、奖金、福利费（包括医疗、保险、子弟学校、托儿所、住宅、食堂、浴室等福利设施支出）、慰问金、抚恤金等。

2. 组织活动费

指劳动者劳动或工作组织维持、运转的有关费用。比如，会议费、办公费、对外联系费（电话费、信件邮资费等），节假日活动、招待费等。

3. 人力资源管理费

是指高等学校人事管理部门在识人、选人、育人、用人和留人过程中所发生的除上述费用以外的相关费用。包括高等学校人事管理部门人员的工资、福利、医疗、保险费、人力资源管理活动中的激励费等。

（四）人力资源保障成本

人力资源保障成本是保障人力资源在暂时或长期丧失使用价值时的生存权而必须支付的费用，包括劳动事故保障、健康保障、退休养老保障等费用。

1. 劳动事故保障费

是高等学校承担的职工因工伤事故应给予的经济补偿费用，包括工伤职工的工资、医疗费、残废补贴、丧葬费、遗属补贴等。

2.健康保障费

是高等学校承担的职工因工作以外的原因（如疾病、伤害、生育、死亡等）而引起的健康欠佳，不能坚持工作而需给予的经济补偿费用，包括医药费、缺勤工资、产假工资及补贴、丧葬费等。

3.退休养老保障费

是社会、高等学校及职工个人承担的保证退休人员老有所养和酬谢辛勤劳动而应给予的退休金和其他费用，包括养老金、养老医疗保险金、死亡丧葬补贴、遗属补偿金等。

三、高等学校学生培养成本分析

（一）高等学校学生培养成本的意义

高等学校人力资源教育投资的对象是在校的学生，高等学校人力资源投资会计，就是提供通过高等学校对在校学生的教育投资所引起的有关人力资源变化的信息，也就是提供高等学校教育投资的投入和产出的信息。但由于学校只是一个培养人的组织，培养出的学生价值，必须在社会实践中经过检验，才能得到体现和认可。因此，学校要提供产出的信息，就必须依靠社会各用人单位反馈信息，并根据这些信息对人力资源投资活动进行分析评价。但是，要评价整个社会的教育投资的效益，也离不开学校提供的对学生的教育投资信息。

高等学校学生的人才培养成本，是学校绩效评估的重要组成内容，将不同学校的同类人才的培养成本进行横向对比，可以找出差距，发现存在的问题；将同一学校的同样专业的大学生的培养成本进行纵向比较，可以分析高等学校人才培养成本的发展变化趋势，以消除各种可控制的不利于提高资金利用效率的因素。学生培养成本是高等学校培养人才业绩评估的一部分。将人才培养成本指标与同类型高等学校及先进水平比较，可以找出差距，借鉴经验。将人才培养成本指标进行历史比较，可以分析历史发展趋势，清除可控制的不利于提高资金使用效率的因素。计量人才培养成本可以为确定成本补偿程度提供客观依据，如确定对外提供教学服务的收费标准，确定高等学校内部各部门提供服务的"转移价格"。

（二）高等学校学生培养成本的概念

高等学校学生培养成本是指高等学校在教育活动中为培养高级专门人

才即学生所耗费的物质劳动和活劳动的价值总和，并且这些资源的价值是那些可以用货币计量的价值。它包括广义和狭义两种含义。

广义的高等学校学生培养成本是指培养一名合格人才，国家、家庭和社会所耗费的全部费用，它包括有形成本和无形成本。有形成本是可以用货币计量和表现的耗费，又可分为社会成本（即国家和社会直接承担的教育费用）和个人成本（指学生家庭负担的教育费用，包括学生在校期间交纳的学杂费、住宿费和必要的生活费用等项开支）。无形成本是指学生由于把时间用于求学而引起的机会成本。

狭义的高等学校学生培养成本是指高等学校培养每个学生所耗费的全部费用。它目前主要由以下五个部分组成。

第一，传授知识消耗的活劳动报酬。比如，教职工的基本工资、补助工资、其他工资部分、职工福利费、社会保障费支出等。

第二，学生助学金（包括学生奖贷学金、勤工助学基金、困难学生补助）、物价补贴、医疗费用等。

第三，传授知识所应具备的物质技术条件消耗费用。比如，实验器具、图书资料、教学仪器设备等的消耗。

第四，教学和行政管理费用，包括办公费、实习费、水电费、取暖费、差旅费、行政仪器设备费、校园卫生绿化费等。

第五，其他费用。指除上述耗费以外的其他开支。比如，外籍专家费、外事活动费、学生活动费等。

（三）高等学校学生培养成本的构成

高等学校学生培养成本由直接成本、间接成本和机会成本构成。

1.直接成本

高等学校学生人才培养的直接成本是指学生在接受高等教育期间，实际发生的有助于人力资本形成和积累，并可直接归属于特定的某位学生的有关费用支出。它包括正规教育支出（学生每年交付的学费、住宿费、教材及资料费）、个人的其他自主性教育支出及非教育性支出三部分。

（1）正规教育支出

这部分支出是每年定期一次性支付，或按学期支付的。它对人力资本的形成和积累所产生的作用是在该学年或该学期的学习期间内逐渐产生的。

但是，因为在高等学校人力资源投资会计中并没有对学生的人力资本变化的数据进行计量，而只是在归集和分配学生的人才培养成本，因此，不存在将这笔支出在该学年或该学期的学习期间内平均分摊，并按月计入人力资源培养成本中去的问题。

（2）自主性教育支出

它是指学生为提高自身素质而接受各种课外辅导、参加各种培训及各种资格考试时所发生的费用支出。这部分支出也应与正规教育支出一样，在它促进人力资本形成和积累的期间内，计入学生的人力资源培养成本。

（3）非教育性支出

非教育性支出，也称为维持性支出，可具体分为生产性支出和消费性支出两部分。生产性支出是为维持人的正常生理机能而发生的支出。消费性支出是指用于娱乐、旅游、医疗保健等方面的支出。对于不同地区不同家庭条件的大学生来说，非教育性支出的差异是很大的。

2.间接成本

高等学校人才培养的间接成本是指学生在接受高等教育期间，以学校教育事业经费支出的方式所支付的，并需确定受益者然后在受益者之间按受益情况进行分摊才可归属于特定的某位学生的费用支出。

在计算和分摊间接成本时，应注意以下几个方面的问题。

第一，学校教育经费的来源中有一部分是以学生所交学费和住宿费的方式获得的事业收入，这部分收入所形成的教育支出已通过学生个人的培养成本账户计入了他的人力资源培养成本之中。因此，在计算间接成本时，必须扣除相应数额后才能避免出现重复计算的情况。

第二，教育事业费支出的助学金、奖学金，也已通过学生个人的直接成本账户，而计入该学生的人力资源培养成本之中。因此，也不需再次在间接成本中加以反映。

第三，教育事业费支出中的离退休人员费用属社会保障费用，与学生人力资本的形成和积累无关，因此也不应列入间接成本进行核算。

第四，教育事业费的各项支出类别不同，不能采取统一的分摊标准来进行核算，将费用分摊到所有学生身上。而是应首先确定有关支出的受益者群体，然后按一定的分摊标准（比如，某学生本学期所修学分数占受益者群体本学期所修学分总数的比例），将该项支出在受益者之间进行分摊，或在受益者群体中进行均摊。

3. 机会成本

机会成本作为人力资源教育投资中的个人投资的组成部分，在前面已经提过。在这里，只需对机会成本的确定做一个说明。对于一个大学一年级学生来说，他的月机会成本就是当年刚参加工作的高中毕业生的月平均收入。而大学二年级学生的月机会成本，则是工龄为两年的高中毕业生的月平均收入。一年级硕士研究生的月机会成本，就是当年刚参加工作的大学毕业生的月平均收入。

机会成本在进行高等学校人才培养成本分析时，是应该考虑的一个项目。但是，它不在财务记录中反映出来。

第三节 高等学校人力资源成本的计量研究

一、高等学校人力资源成本计量模型

高等学校人力资源成本计量模型，主要包括一般人力资源历史成本的计量、替代人力资源成本的计量及修正的人力资源历史成本计量模型三种。

（一）一般人力资源历史成本的计量模型

专门计量和提供有关人力资源成本的信息，从而有助于对人力资源在管理过程中的取得、开发、分配、补偿、保护、使用等方面进行计划和控制，是人力资源会计的原始出发点。它不受对外报告惯例、公认会计原则、会计恒等式等的约束，仅作为财务会计系统的一个附加部分而得到发展并提出报告，正如目前处理某些成本会计信息那样。因此，在这里，人力资源历史成本会计，首先是作为管理会计信息系统中的一个组成部分而成立的。

为了计量和核算人力资源的历史成本，学者建议采用在传统会计制度下，对总账和辅助分类账进行修订的具体方法。

为了计算人力资源历史成本和应用上述模型，在总分类账户中的"一般和管理费用"账户下，开设明细或辅助分类账户，来记录按自然费用分类的各种人力资源成本，然后总括为"取得成本"和"开发成本"两个人力资源管理成本账户，再把这些成本分配到不同组别人员的投资账户中去。注意，这里只是应用会计的账户方法来调整出人力资源成本，并不影响原财务会计程序的正常进行。

（二）替代人力资源成本的计量模型

替代成本包括职务替代成本和个人替代成本双重概念。前者系指用一个在既定的职务上提供一组同等服务的人来替代该职务上的人员而现在必须招致的牺牲。这指的是替代既定职务的任何任职者所能提供的一组服务的成本。后者指的是用一个能够提供一组同等服务的人来替代目前雇用的人而现在必须招致的牺牲。此时，若按实际成本原则计价，只需在替代者的取得成本、开发成本基础上，再加上被替代者的遣散补偿成本即为替代成本。如果还考虑机会成本的因素，则应另外计量遣散前业绩差别成本和空职成本。计算替代成本，一方面，是因为人力资源替代成本变动会经常发生；另一方面，还有助于做出是否换人、是开发还是取得的决策。

（三）修正的人力资源历史成本会计计量模型

所谓修正的人力资源历史成本会计计量模型，是指在遵守公认的会计原则的前提下，将人力资源成本的会计信息，通过传统财务会计程序变通提取，即增设一些相应的会计科目，并经账务处理完成。

具体的账务处理如下。①发生人力资源的各项成本时，不再计入"教育事业支出"账户，而是计入"人力资产"或"取得成本""开发成本"，或按各费用项目设置的账户，贷记"现金""应付工资"等账户。②将取得成本、开发成本按个人别、组织别进行分配时，借记"管理者 A""职工甲""第一部门"等账户，贷记"人力资产"或"取得成本""开发成本"等按各费用项目设置的账户，也可将个人别、组织别作为"人力资产"等的明细账处理。③将人力资源成本计入当期费用时，借记"人力资源费用"账户，贷个人别、职工别设置的账户或"人力资产"账户。④对于工资、奖金等每期发生的使用成本，可直接费用化，也可先借记"人力资产"等账户，贷记"应付工资"等账户。对于职工退休金支出，可采用预估预提的方法资产化处理，预估某职工退职退休金总额后，借记"人力资产"等账户，贷记"应付退职退休金准备"账户。⑤当职工被解雇、因故死亡或丧失劳动能力时，将"人力资产"未摊完的成本作为非常损失转销，借记"人力资产损失"账户，贷记"人力资产"等账户。

为保持人力资源的完整价值，可比照固定资产折旧的方法，设一个备抵账户"人力资产摊销"账户。

二、高等学校职工人力资源成本的计量方法

人力资源成本项目的内容确认之后，就要选择一定的计量基础和计量方法，将人力资源成本加以数量化。

人力资源成本的计量方法主要有如下几种。

（一）原始成本法

原始成本法亦即实际成本法，是以取得、开发、使用人力资源时发生的实际支出计量人力资源成本的方法。它反映了高等学校对人力资源的原始投资。其优点是取得的数据比较客观，具有可验证性，相对而言，较易为人们所理解和接受。但是，采用原始成本作为计量基础也存在不足之处：①人力资源的实际价值可能大于其原始成本，即人力资源的实际价值大于其账面价值；②人力资源的增值和摊销与人力资源的实际能力增减无直接关系；③根据会计报表上的人力资源价值进行分析，其结论与高等学校人力资源的实际价值会产生差异。

采用原始成本法，高等学校可以直接通过财务账簿的会计记录，获取人力资源成本信息。

（二）现实重置成本法

现实重置成本法，是以在当前物价条件下重新录用达到现有职工水平的全体人员所需的全部支出为高等学校人力资源的资产值，它反映了高等学校于当前市场条件下在现有人员上所凝结的全部投资。但是，采用现实重置成本作为计量基础也有明显的缺陷：①脱离了传统会计模式，难以为人们所接受；②增加了工作量，因为每一时期都需要对全部人员进行估算，这种增加的工作量能否从增加的信息中得到补偿则毫无把握；③对重置成本的估算不可避免地带有很强的主观性。因此，该方法主要适用于对高等学校人力资源的预测和决策，一般不用于对人力资产的账簿核算。当然，对于首次进行人力资源核算的高等学校，或高等学校新建时，无偿从其他组织调入的人员，可以采用重置成本的方法，将这种人力资源登记入账。

（三）机会成本法

机会成本法是以职工离职或离岗，使单位因该岗位空缺所蒙受的经济

损失作为人力资源损失费用的计量依据。这种方法的优点是，机会成本更近似于人力资源的经济价值，便于正确估价人力资源的成本，而且数据比较容易获得。但是，这种方法也有其缺陷，即脱离传统会计模式，核算工作量也较大。如果这种方法与原始成本法结合起来，用于人力资源的账簿核算，效果会较好。

三、高等学校学生培养成本的计量方法

（一）直接成本的计量方法

1. 正规教育支出的计量

前面提到，正规教育支出包括学生每年交付的学费、住宿费和教材及资料费。这些数据可以通过每个学生实际交纳的金额直接获取。

2. 自主性教育支出和非教育性支出

自主性教育支出特别是非教育性支出的数据难以收集。要解决这个问题，可以采用校园一卡通或调查问卷的方式。校园内的消费支出由校园一卡通的消费记录取得，校园外的消费支出通过调查问卷的结果取得。当获取了各种支出的性质及有关支出数额的资料后，就可以对这些数据进行处理，确定出相应的高等学校人才培养的直接成本。

要注意到，这里对高等学校人才培养的直接成本的确定，是从支出的角度出发，通过收集学生在校内外支出的所有信息，并对其进行整理、分析，确定这些支出的类型，然后直接计入或按确定的标准计入人才培养的直接成本。这些支出可能来源于家庭的资助，也可能来自学生个人获得的助学金、奖学金、贷学金和勤工俭学的收入等渠道。因此，在采用这种方法确定人才培养的直接成本时，应将学生获得的助学金、奖学金、贷学金和勤工俭学的收入等，从人才培养的直接成本中剔除，否则，就会出现重复计算的情况。

（二）间接成本的计量

在高等学校事业活动中，可以计入学生人力资源培养成本的支出项目，主要有教学支出、科研支出、业务辅助支出、行政管理支出、后勤支出、学生事务支出等，它们构成高等学校人才培养的间接成本。间接成本必须在确定受益者及其受益情况后根据一定的方法，在受益者之间进行分配。由于各项间接成本的类别不同，分配方式、标准也不尽一致。

1.教学支出

教学支出是指高等学校为培养本专科生、硕士和博士研究生、函授和夜大生、外国留学生等各类能获得国家承认学历的学生而发生的各类费用开支。在这里，要考虑的是将教学人员的工资分配计入学生的人才培养成本的问题。直接从事教学和教学辅助工作人员的工资，应按分配率分配到授课班级的每个学生。

如果授课对象层次存在差异，如既承担了本科生的教学工作，又承担了指导研究生的工作，则在确定分配率时应制定一定的调整系数。

指导实习、指导毕业论文等工作，应折算为每人每时后参与核算。在这里，没有将教师在假期里的工资收入列入分配的范围。

对于双肩挑的领导人员，应将他的工资在教学和行政管理之间，按一定比例进行分配，再将分配在教学方面的工资，按上面所确定的方法进行分配。分配在行政管理部分的工资，则参照后面行政管理支出的计量方法处理。

利用设备购置费购置的各种教学设备，可参考企业对固定资产提取折旧的方法，将其购置成本分期计入受益人员的人力资源培养成本。

设备购置费中的图书购置费比较特殊，因为不可能对图书计提折旧，在考虑到各年的图书购置费相对稳定的情况下，可以将图书购置费全额计入在校学生的人力资源培养成本。如果考虑到学校图书馆也为教师提供服务，那么，可以按一定比例，将图书购置费计入在校学生的人力资源培养成本。因为不同层次的在校学生（如本专科生、硕士生、博士生）在使用图书资料的便利性和利用率等方面存在差异，由于同一层次而不同年级的在校学生（如大一学生与毕业生）在图书资料的利用率方面也存在差异。因此，将图书经费分配计入在校学生的人才培养成本时，也可以根据不同层次、不同年级的学生确定不同的分配系数。当然，为便利起见，在这种差异并不是很明显时，也可以不予以考虑。

2.科研支出

带领学生进行科研项目研究的科研人员的有关工资，应计入相关学生的培养成本。

3.业务辅助支出

业务辅助支出是指高等学校图书馆、计算中心、测试中心、网络管理中心、电教中心等教学科研辅助部门，为支持教学、科研而发生的各类费用开支。该支出中与教学有关的那部分应计入人力资源培养成本，与科研有关的部分则不计入。这样得到与教学有关的业务辅助支出后，有的还要在各系、所之间进行分配，然后再分配到各系、所全体学生。如图书馆发生的各类费用开支，就可按各系、所学生到图书馆借阅图书、查阅资料等活动的人次数分配到各系、所，再分配到该系、所的全体学生。有的则按一定的分配率直接分配到受益者，如计算中心、测试中心发生的各类费用开支按有关单据（如计票、测试单）所记工作量分配到有关学生，电教中心发生的各类费用开支按课时数分配到有关学生。

4. 行政管理支出

行政管理支出是指高等学校行政部门为完成所承担的行政管理任务而发生的各类支出。在这里，首先要将行政管理支出中与教学有关的部分分离出来，然后分配到学生。如果是行政部门与教学有关的支出，应分配到全校学生。如果是系、所行政部门与教学有关的支出，应分配到全系、所的学生。

5. 后勤支出

后勤支出是指高等学校后勤部门为完成所承担的后勤保障任务而发生的各类费用支出。分配方法同业务辅助支出类似。

6. 学生事务支出

学生事务支出是指高等学校在教学业务以外，直接用于学生事务的各类费用开支。具体包括学生物价补贴、学生医疗费、学费减免、贷学金减免、学生活动费等。这些项目按照具体辨认原则，能具体认定到个人的，应直接计入该特定学生的人力资源培养成本。不能直接认定的（如学生活动费），则依支出所属主体归入各个系、所的人力资源培养成本进行核算。

7. 教职工福利保障支出

教职工福利保障支出部分，应计入学生培养成本的数额，按相关人员工资计入学生培养成本的比例确定。

第四节　高校人力资源成本的计划与控制研究

要进行人力资源成本控制，第一步就是编制人力资源成本计划。成本计划的对象不仅仅是资金，还应包括人、财、物等诸方面。成本计划建立在科学预测的基础上，即根据学校的办学目标和实际条件及有关历史资料，用科学的方法对可能降低成本的项目、内容和力度以及投入项目的成本水平进行预测，为编制成本计划提供依据。

一、高等学校人力资源成本计划的基本要求

高等学校的主要任务是培养人才。因此，高等学校的人力资源配置，应该与人才培养的数量和质量紧密结合。数量指标包括师生比、报考生源与录取学生比、投资各类项目的投入产出比等。人才培养质量包括培养人才的合格率。如毕业生是否受到社会的欢迎、社会对毕业生是否有良好的反馈评价等，都是重要指标，而且由于质量与学科建设分不开，学科或专业的发展前途、近年来取得的工作成就、科研水平、教师的学术水平，也应该成为学校人力资源成本配置的重要参考依据。只有坚持成本效益分析，才能改变低效率资源配置状况。

（一）成本计划应体现学校的办学方向和办学目标

学校的办学方向和办学目标，实际上既体现学校全体教职员工对学校发展的意愿，又体现了党和国家、各级政府及社会对学校办学的要求。学校的教学、科研等各项活动，都要在党的教育方针的指引下，在各级政府的宏观指导下，在社会的需求激发下形成决策。因此，办学目标也受到外部环境的影响，目标的变动，必然带来各项活动的变动，也就会要求成本计划和使用管理作相应的变化。

（二）成本计划应讲求学校办学效益的整体优化

从系统学的角度看，追求结构最佳、效果最优是系统的特点。学校的成本运行一样可以组成成本运行系统，这个系统同样追求整体的优化效果。实行校长领导下的经济责任制和成本计划管理，是目前实现成本管理结构优化的要求。系统的最优并不是要求每个元素达到最优，而是要求每个元素互相协作，其整体效果达到最优。如果对学校成本计划不清，也就谈不上各部门的互相协作，更不可能有整体的优化。

（三）成本计划要体现重点，强化激励机制

教育成本计划最重要的是人力资源成本和物质资源成本两部分。学校的基础设施及各种教学设备、仪器，构成了教育活动的基本物质条件，师资队伍则是教育活动的主要承担者，两者构成了关系学校生存与发展的重要的物质资源与人力资源，两者的地位不能失之偏颇。

教师是学校生存与发展的保证，提高师资质量比改进校舍设备和各种教学手段现代化更为重要。因此，把人力资源成本作为教育投资的一个重点，十分必要。

二、高等学校人力资源成本计划的内容及编制步骤

（一）高等学校人力资源成本计划的内容

高等学校人力资源成本计划的内容，应该既能适应高等教育事业发展的需要，又能满足高等学校人力资源成本管理的要求。高等学校人力资源成本计划，一般包括职工人力资源成本计划和学生培养成本计划。

1. 职工人力资源成本计划

职工人力资源成本计划由人力资源的取得成本计划、开发成本计划、使用成本计划和保障成本计划构成。职工人力资源成本计划以职工计划人数为依据，分别按照职工类别（教师、教辅人员、行政人员、后勤人员和离退休人员）和成本项目进行编制，反映在计划期内的人力资源总成本水平和单位成本水平，还应反映与上期相比的成本降低额和降低率。

2. 学生培养成本计划

学生培养成本计划有两种形式。

（1）按学生类型编制

以学生类型即本专科生、研究生为对象，按照院系、专业编制成本计划，反映计划总成本和生均成本，还反映与上期相比的成本降低额和降低率。

（2）按成本项目编制

以成本项目为对象，按照院系、专业分别编制直接成本计划和间接成本计划，反映计划期间内直接总成本和间接总成本及成本降低额和降低率。

（二）高等学校人力资源成本计划的编制步骤

编制人力资源成本计划可分为以下几个步骤进行。

1. 收集和整理资料

广泛收集资料并进行归纳整理，是编制成本计划的首要步骤。所要收集和整理的资料主要包括以下几点：①人力资源成本预测的资料。②人事部门的人力资源规划和教务管理部门、研究生管理部门的计划招生资料。③现

有职工、学生资料。④计划期内预计减少职工资料、预计毕业学生资料。⑤上年成本计划执行情况和成本升降原因的分析资料、成本核算资料。⑥其他高等学校人力资源成本水平。

为了编制好人力资源成本计划，还必须深入细致地进行一些调查研究工作，了解成本升降的有利和不利因素，研究如何克服不利因素和降低成本的具体措施，为编制人力资源成本计划提供有用的信息资料。

2.对成本降低指标进行分析

首先对上年成本计划完成情况进行分析，然后根据学校确定的目标成本，结合计划期内各种因素的变化和准备采取的各种措施，进行测算、修订、平衡后，编制人力资源成本计划，以保证成本计划的先进性和合理性。

3.编制正式的人力资源成本计划

如果上述两个步骤的工作，均能达到要求，最后确定的成本计划指标，即可作为编制成本计划的依据。编制出的成本计划经学校批准后，可以正式执行。

三、高等学校人力资源成本控制的内容和环节

（一）人力资源成本控制的内容

人力资源成本的控制是根据成本计划提出的方案，对人力资源的取得成本、开发成本、使用成本、保障成本和日常人事管理成本，以及在培养学生的教育活动中所发生的各种成本数额和效用进行掌握、调节的过程。

从人力资源成本控制的定义可以看出，人力资源成本控制的内容包括人力资源的取得成本控制、开发成本控制、使用成本控制、保障成本控制和学生培养成本控制等。

（二）人力资源成本控制的环节

人力资源成本控制包括前馈控制、运行控制和反馈控制三个环节。

1.成本前馈控制

前馈控制也称成本计划控制，即科学地制订目标成本计划，力求对运行结果实行目标管理。要进行成本控制，就必须建立成本标准，因此在成本管理中，第一步就是编制成本计划。成本计划的对象不仅仅是资金，还应包括人、财、物等诸方面。成本计划建立在科学预测的基础上，即根据学校的办学目标和实际条件及相关历史资料，用科学的方法对可能降低成本的项

目、内容和力度，以及投入项目的成本水平进行预测，为编制成本计划提供依据。

2. 成本运行控制

成本运行控制是指，对高等学校教育活动的整个运行过程中发生的成本实行严格的控制。为使过程控制有效，首先，将成本控制的标准分解到各部门、各岗位和各个阶段、各个环节，让部门领导和教职工都明确其意义，并使成本管理与他们的利益挂钩，从而激励大家自觉采取措施，积极主动地去控制成本。其次，建立有效的监督体系和信息沟通渠道，能及时准确地发现和了解各阶段人力资源成本运行进程中的偏差，并采取有效措施与以纠正。

3. 成本反馈控制

成本反馈控制是每个计划期结束后，编制成本控制情况的报告，对各部门成本预算执行情况进行评价和考核。部门成本控制报告中应列明"实际成本""计划成本"和"差异率"。如果发现负差异额或差异率较大，应分析并找出差异产生的原因和责任归属，寻求有效解决问题的办法。纠正偏差的办法通常有两种：一种是通过改变目标来纠正偏差。另一种是通过适当改变投入的数量和质量，以及人、财、物、信息和系统结构等，来提高系统控制力，使输出尽早满足目标成本的要求。

成本控制是一项系统工程，成本前馈控制、成本运行控制、成本反馈控制，是成本控制的三个环节。三者既相互独立，又是一个有机整体。此外，要使系统充分发挥其最佳功能，还必须注意提高各有关人员的业务素质，通过对各类管理人员进行培训，全面提高他们理财、管财、用财的能力。只有这样，才可能有效地控制每一个成本运行环节，有效地降低人力资源成本支出，减少教育资源浪费，提高资源使用效率和办学效益。

四、高等学校人力资源成本控制的方法和手段

（一）人头费控制

要发挥高等学校经费的最大效用，首先应发挥人的效率。在现实情况下，就是要进行学校人事制度改革，消除学校内部机构重叠、人浮于事的现象，努力使教师、学生、干部、职工之间的比例合理化。改革的重点是"三定"（定机构、定岗位、定编制）和推进聘任制。为此，必须做到：①精简机构和压缩编制；②创造竞争、流动的用人机制，推行全员聘任制，允许教师流动；③对富余人员，通过转岗分流妥善安置。

（二）资金控制

1.资金支出要有明确标准

由于成本支出一旦支出就不可挽回，只有事先提出合理的成本限额，使有关的人员在限额内花钱，才能有效地控制支出。例如，因公出差人员的差旅费标准、会议费标准等。

2.建立严格的支出审批制度

在会计核算工作中，处理任何一项经济业务，都必须有一定的凭证作为依据。在成本计划内的，审批可简化，成本计划外的，审批必须严格。没有凭证就不能任意收付款项、动用资产，也不能进行会计核算。

3.通过校内支票进行控制

校内支票是学校通过发行内部货币形式，对流动资金和费用成本进行控制的一种手段。学校根据成本计划中心规定的各项费用支出指标，向各部门发放校内支票。各部门按计划凭支票领取工资和其他支出费用。月末或期末结算，确定各部门执行成本计划的情况。

4.通过校内资金结算中心进行控制

凡校内各核算单位之间发生的经济业务往来，采用资金结算中心结算凭证的形式，在校内资金结算中心按照内部结算价格进行计价结算。它既是一种内部结算制度，又是对校内成本和资金管理活动进行的一种管理制度。

在校内资金结算中心按核算单位开立账户，校内资金结算中心统一印发内部资金结算中心支票，核定资金定额。各部门每月的用款，经校内资金结算中心审核后方能支用，一般不准超支。如因特殊情况而超支，则要提出追加计划，报批后方能使用。校内资金结算中心有权审查各项收付款项是否合法，如违反制度或资金不足，则有权拒付。成本支出和成本计划之间的差异，就可以通过比较及时反馈出来。这样就能及时进行控制，在指标范围以内，就同意支付；超过指标，则停止支付。

（三）物质资源的控制

高等学校应建立物业管理中心，对整个学校的国有资产包括房产、设备、土地等资源，进行统筹管理，杜绝过去管理上存在的分散、无序、浪费等现象。在物质资源利用效率的问题上，一是要充分利用旧有的物质资源，如实验仪器、图书、实验室等。例如，延长图书馆对外开放时间，对外开放图书馆、实验室；有些实验室和大型贵重设备，可试行院际、校际合作统一管理，也可实行租赁制，收取一定的费用等，努力推进学校后勤工作社会化。二是及时更新旧的物质资源，注意整个物质资源内部及物质资源与教学相配套，克服各实验室小而全的现象。例如，对长期闲置的房屋、仪器设备进行重新配置等。

（四）制度控制

制度是学校领导针对管理工作和各项具体操作的要求，用文字形式制定出来的具体规定，是各级教职工进行工作的规范。如财务管理制度、会计核算制度、成本费用管理制度、责任中心考核制度、奖励制度等。这些制度有的规定成本开支的标准，有的规定费用支出的审批手续，对成本能起到直接控制作用。有的对成本控制责任的落实以及奖惩办法作了明确的规定，可以促使成本控制系统长期有效地发挥作用。

第五节 高等学校人力资源投资的成本收益研究

一、高等学校人力资源投资的概念及收益特性

（一）高等学校人力资源投资的概念

人力资源投资是指，在发展教育事业、培养和培育各层次后备力量和专门人才，以及提高现有劳动者的技能、拓宽其知识面中，需要投入的人力、物力和财力的总和。其中，投入的实体主要以货币的形式表现出来。人力资源投资包括学校教育投资和在职教育投资。学校教育投资主要是用于培养未来合格的劳动者，提高各类学校学生的能力、素质、知识存量。在职教育投资是面向在职的劳动者，用以提高从业人员的工作技能。

这里所说的高等学校教育投资，应包括学校教育投资中的高等教育部分和在职教育投资中的高等学校对其教职员工投资的部分。高等学校教育投资的结果就是产生相应的教育收益，进一步说，包括两种收益，即经济收益与非经济收益。前者指的是外在表现出来的教育收益，是指教育投资决策方案实施过程中或过程后，高等学校办学储备经费的增加，各部门办公条件与

环境的改善，教职员工福利与教学质量的提高，实验室设备更新换代与科研成果层出不穷等。后者是指非直接的、短期内表现的教育收益，包括决策施行过程中或之后产生的学校地位的上升与影响的扩大，教职员工心理稳定性、业务能力的增强与工作热情的高涨，学生知识结构和能力结构的完善、社会适应性的得以强化，以及进入实际工作后对社会和经济发展所起的积极作用、贡献等。所以，通过高效率的使用学校现有的办学资金，进行教育投入，实现并达到上述的目标，乃是人力资源投资中的关键环节。

（二）高等学校人力资源投资收益特性

人力资源投资可以视为用于培养人的劳动能力的投资，用来开发人的潜在能力，并在之后创造新价值源泉的智力投资。

因此，它不同于物质生产领域内的投资，而具有自身的特点。

1. 长周期性

高等学校人力资源投资的最终目的只有一个，就是提高人才培养的数量和质量。改善管理体制和机制、提高教职员工的学历和学术水平、提升学校的声誉和知名度，等等。归根到底，都是为了培养更多更好的适应社会需要的高层次人才。如果教学质量低下，任何投资效益均无从谈起。而学校教育对人的培养、教育效果的实现需要较长的时间，这就使得高等学校的人力资源投资，也必然具有长周期性的特点。

2. 超前性

学校的发展应该是一个动态的过程，需要根据教育市场的变化而对学校办学方针、途径做相应的调整，在办学过程中要对所需要的条件做超前筹备，这里主要是指对教学设备的准备、高层次人才的储备、教师师资的超前培养等。因此，高等学校必须有超前意识，并做超前的教育投资，以满足学校未来发展的需要，否则，"无米之炊"巧妇也难为。正是在这个意义上，高等学校的决策者群体要有长远眼光，不仅要争朝夕，更要善于看未来，进行适合学校发展所需的教育投资。

3. 社会性

投资项目收益的社会性，在高等学校中表现更为明显。当然，它也可能产生一定的经济收益，或直接或间接的。这种社会性的投资效益可能是显性的，也可能是隐性的，既可能对高等学校自身的发展产生很大的促进作用，也可能对高等学校学生的知识、能力结构的完善、全面发展有很大的帮助，继而使整个社会受益，促进经济建设、科技进步和社会发展。因此，高等学校人力资源投资产生的收益的社会性，集中体现在对人才的培养，教职工素质的提高，并改变了他们的劳动能力的性质和形态，即主要从社会角度着眼。

4.时效性

随着经济发展、技术水平的不断提高，知识更新的速度会越来越快。对于高技术的需求变化会导致人力资本的老化和废弃。因此，教育形成的资本存在时效性。只有通过终身教育，也就是不断进行教育投资，才可能保证人力资本的完整性。

二、高等学校人力资源投资的成本收益分析方法研究

对于高等学校人力资源投资，也要像其他投资一样，进行投资的经济收益分析评价，特别是对人力资源招聘、培训等方面的投资收益率进行估算和分析评价。

（一）高等学校人力资源投资成本收益分析的程序和基础

1.成本收益分析的一般程序

对于高等学校人力资源投资成本收益分析评价的一般程序，包括以下四个步骤：①准确估算其投资方案的现金流出量。②确定资本成本的一般水平。③确定投资方案收入现值。④通过收入现值和所需投资支出比较，评价投资效益。

在这个程序中，对投资项目的现金流量进行准确分析，是人力资源投资收益分析的基础工作。

2.投资的现金流量确定

所谓现金流量，是指一项投资引起的高等学校的现金支出和现金收入的增加数量。现金流量包括现金的流出量、流入量和现金净流量三部分。一个项目现金的流出量是指对项目的投入，现金流入量是指该项目的产出，二者之差则为现金净流量。

在确定与投资方案相关的现金流量时，应遵循的基本原则是现金流量与项目的相关性原则，不能高估或低估收入与成本。

所谓相关性原则是指，只有那些由于采纳某个项目引起的现金支出增加额，才是与该项目相关的现金流出；只有那些由于采纳某个项目引起的现

金流入增加额，才是与该项目相关的现金流入。

在进行相关性判断时，要注意以下四点。

第一，区分相关成本与非相关成本。相关成本是指，与特定投资决策相关的，在分析评价时，必须加以考虑的成本。而与特定投资决策无关的，在分析评价时，不必加以考虑的成本是非相关成本。

第二，不要忽视机会成本。在投资方案选择时，如果选择了一个投资方案，而必须放弃其他投资方案的机会，其他投资机会可能取得的收益就是实行本投资方案的一种代价，即这项投资的机会成本。

如用于高等学校人力资源投资的资金，也可以用于教学设备的增加或用于其他投资。一般来说，高等学校通常把这笔投资用于其他投资的期望最低报酬率，作为对于职工进行培训投资的机会成本。

第三，要考虑投资方案对其他部门的影响。人力资源投资方案，有时会对其他部门产生影响。如对新员工进行培训时，要从教学或行政部门抽调培训者，或者让新员工到基地进行实习等，都会对教学部门产生影响。在考虑人力资源投资的效益时，对此应加以考虑。

第四，对净营运资金的影响。高等学校人力资源投资方案，有时也会对高等学校净营运资金产生影响，在分析人力资源投资收益时，对此也应加以考虑。

（二）人力资源投资成本收益分析的一般方法

投资收益在数量上等于投资额与产出额的现值之间的差额。由于货币的投入和投资项目的产出有时间差异，因此在评价投资收益时，要考虑货币的时间价值，用投资和收益的现值进行分析。

其分析的主要方法有五种。

1. 净现值法

净现值法是用净现值作为评价方案优劣的指标。所谓净现值是指投资方案未来现金流入的现值和未来现金流出的现值之间的差额。

按照这种方法，所有未来现金流入、流出，都要按预定的贴现率折算成现值，然后再计算差额。

净现值法的适用性很广，其主要问题是如何确定贴现率。有两种方法可供选择：第一种方法是根据资金成本法来确定，主要用银行存款利率或贷款利率为依据；第二种方法是根据资金的机会成本来确定。

2. 现值指数法

现值指数是未来现金流入现值与现金流出现值的比率。现值指数法是用来预测投资成本和投资收益的比率，以确定投资收益的方法。

3. 内含报酬率法

所谓内含报酬率是指，能够使未来现金流入量现值，等于未来现金流出量现值的贴现率，或者说，是使投资方案净现值为零的贴现率、内含报酬率所计算出的，是方案本身的投资报酬率。

内含报酬率的计算，通常用逐步逼进来计算。首先估计一个贴现率，用它来计算投资方案的净现值。如果净现值为正，说明投资方案本身的报酬率超过估计的贴现率，应提高贴现率后进一步测试。如果净现值为负数，说明投资方案本身报酬率低于估计的贴现率，应降低贴现率后再进一步测试。

这样经过几次反复，寻找出使净现值接近于零的贴现率，即为内含报酬率。使用内含报酬率法，可根据内含报酬率排定独立投资方案的优先次序，并根据资金成本率或最低报酬率，来判断方案是否可行。

4. 投资回收期法

投资回收期是指投资引起的现金流入量与投资额相等所需要的时间，计算时不考虑贴现值，即不考虑货币时间价值。投资回收期法是测算投资回收时间的方法。

回收期的计算方法简便，并且易为决策人所正确理解。但是，由于忽略了货币时间价值，对投资回收期长的投资方案分析的误差较大。

5. 会计收益法

会计收益法是通过计算每年原始投资净收益，或几年的平均净收益来分析投资效益的方法。

从绝对数值分析，一般当会计净收益额大于 0 时，投资才有收益；从相对比率分析，一般当收益率大于投资的资金成本率时，投资才有收益。

通过对上述分析方法进行比较，会计收益法更适合高等学校。

三、高等学校人力资源成本收益分析的应用研究

根据高等学校人力资源投资的范围，可以将人力资源投资归为两类。一类是人员招聘、在职培训等学校投资；另一类是个人教育投资。下面从人

员招聘、在职培训、个人教育投资等几方面说明高等学校人力资源投资的成本收益分析方法。

（一）人员招聘的成本收益分析

人员招聘可以有多种方法。例如，排除法、比较法、档案分析法、印象评价法、扮演评价法、考试法、关键事件法等。不同方法的应用会导致学校人员招聘过程中产生不同的投资收益。如果采用有效方法，会使学校招聘到最佳人选，并在将来受益。如果不能采用有效方法，不仅不能使学校招聘到适用的人员，损失了招聘费用，还会使学校在将来得不到预想的经济收益和非经济收益。因此，需要进行学校人员招聘投资收益分析。

常用分析方法是会计收益法，即预测通过招聘能为学校带来的总收益与人员招聘总支出的差额，计算投资净收益，进行投资收益分析的方法。其计算公式如下。

预测招聘净收益＝预测招聘总收益－人员招聘总支出

1. 预测招聘总收益的计算公式

由于招聘方法影响公式中预测招聘总收益的取值，在计算预测招聘净收益时，应该考虑不同招聘方法的影响。在考虑招聘方法时，应该将预测招聘总收益划分为若干因素，如：实际招聘人数、招聘过程的有效性、应聘后实际工作绩效的差别、被录用者在招聘过程中的平均测试成绩等。

2. 人员招聘总支出的计算公式

人员招聘总支出，一般可以根据历史成本记录进行计算。为了便于对不同时期被招聘人员的取得成本进行比较，应该掌握实际录用人员的人均取得成本以及全部申请人员的人均成本的资料。因此，人员招聘总支出，可以分解为申请人数、实际招聘人数、录取过程的人均成本等因素。

（二）在职培训的成本收益分析

在职培训是学校人力资源投资的重要方面，其投资一般由学校承担，有时职工本人也负担一部分。

在职培训的收益，从理论上讲，是学校和职工个人共同受益。职工个人从在职培训中得到的收益是工作技能提高。而技能的增长成为职工个人能力的一部分。学校的收益是职工技能提高后，可以提高工作效率或教学科研质量，提高了竞争力和影响力。

高等学校分析在职培训的投资收益时，主要考虑职工在职培训给学校带来的经济收益和非经济收益。

目前，在对职工在职培训经济收益的分析评估中，有两种方法是比较成熟的，即直接计算法和间接计算法。

1. 职工培训收益的直接计算法

这种方法是对职工接受培训后的效果直接观察并加以评价。即把相同岗位上的接受培训的职工，和没有接受培训的职工的工作效率进行比较，或将职工接受培训前后的工作效率进行比较，可直接估算出培训的经济效果。这是一种简单的计算方法，它不考虑投资的回收期限、投资的货币时间价值。

2. 在职培训收益的间接计算方法

经验公式法是对组织职工在职培训的经济效益进行分析计算。经验公式法是一种对组织在职培训收益的间接计算方法。所谓经验公式法，是一种通过对职工在职培训有关指标的计算，研究投资收益的方法。间接计算方法的种类很多，其总的思路是首先找出影响在职培训收益的因素，然后根据这些指标的相互关系计算投资收益。

（三）个人教育投资的成本收益分析

1. 个人教育投资的成本分析

个人进行人力资源投资的决策，在很大程度上受到投资费用水平的影响。对投资者来说，教育投资的成本包括三个部分。

（1）直接成本

包括学费、书费、住宿费、交通费，其他比不投资高出的任何费用（包括额外的服装费、生活费，但日常生活费则不应该记入成本，因为这部分费用不因为接受教育而发生变化）。同时，在个人发生的教育费用中，奖学金和其他任何形式的助学金，从私人成本中扣除，因为它代表一种转移支付。

（2）机会成本

即一个人因上学而放弃的劳动收入，如果一个人不选择上学的话，他可以进入劳动市场而取得报酬。影响人力资源投资的最大原因，不是直接成本而是机会成本。机会成本是人力资源投资成本的重要组成部分，在失业率提高的时候，就会看到对学校教育的需求增加，就是很好的说明。

（3）利息成本

指因以上人力资源投资而放弃的利息收入。因为人力资源投资收益（特别是经济收入）的获得，往往需要一段时间后才能得到补偿，在此期间将产生利息损失。如发生通货膨胀，利息成本就更高。

2. 个人教育投资的边际成本递增

个人教育投资成本递增的原因有三个方面：一是在现有教育体制中，各国一般都实行初等教育的国民义务教育制，由国家承担所发生的主要教育成本，但高等教育的大部分成本由个人投资者承担，这一特征使得随着教育年限的增加，个人投资者承担的直接成本大幅度增加。二是随着教育年限的增加，年龄也增加，受教育者在智力、体力上越来越满足劳动和工作要求，取得更高报酬的机会也递增。所以，教育投资的机会成本也迅速上升。三是随着直接成本和机会成本的递增，利息成本也随之递增。

3. 个人教育投资的收益分析

人力资源投资收益，是影响个人人力资源投资的又一重要因素。个人教育投资上包括非经济收益和经济收益两个方面：第一，非经济收益。包括由于接受了教育而对健康、生活质量、儿童健康和教育发展，以及做出更好的消费选择的能力等方面的正面影响。教育还能改善受教育者的心理健康水平。教育还可以为受教育者提供精神收益，即为学习而学习的纯粹精神享受。拥有学位还可以提高声望，建立良好的社会地位。第二，经济收益。是指教育将得到更高的劳动力市场收入，包括四个方面：①多受教育者将得到更高的收入。②多受教育者更容易在劳动力市场上找到条件更为优越的工作，并且在经济不景气、面临被解雇时，处于更为有利的地位。③接受一定程度教育而取得进一步深造的机会的价值。④"套头交易"。指新技术的交易需要劳动者掌握新技术和新知识，而接受较多教育的劳动者往往更容易适应环境变化，并在技术革新中获利。

4. 个人教育投资的收益率递减

个人教育投资的收益率递减，主要有三种原因：①人力资源投资满足边际收益递减规律。②人力资源投资的投资收益率递减与边际教育成本的快速上升有关。③人力资源投资的投资收益率递减，还与人力资源投资的收益期长短有关。在一定的预期土地寿命水平上，人的工作年限是一定的。因接受教育而花费的时间与用于工作的时间在这一相对固定的工作年限中互为消长。一个人用于接受教育的时间越长，用于工作的时间就越短，即在增加人力资源投资的同时，能够用于收回人力资源投资的时间就越短。并且，随着教育年限的提高，劳动者单位时间的机会成本也越高，即一个大学毕业生进一步深造的机会成本，高于高中毕业生上大学的机会成本。

第六节 高校人力资源成本管理实施对策建议

一、高等学校人力资源成本管理实施原则

人力资源成本管理的目的是，通过成本管理的各种手段，不断降低不合理的成本消耗，提高成本投入的社会效益和经济效益。人力资源成本管理的任务，就是在一定的客观条件下，分析寻找降低成本的各种因素，制定可能实现的最低目标成本，并以此为依据，进行有效的控制和管理，使实际执行结果达到最低目标成本的要求。

进行人力资源成本管理，必须遵循以下基本原则。

（一）以人为本原则

高等学校人力资源成本管理，必须坚持以人为本的原则。提高办学效益的关键在人，人的意识、人的观念、人的责任心、人的素质、各级干部的管理水平等，都是构成高等学校成本管理的重要组成部分。成本规划要靠人去做，成本控制要有人去操作，成本投入的效益要靠人去发挥，成本管理要靠人去管理，管理的主要对象也是人。

（二）效益优先原则

成本的投入应向高回报率的项目倾斜。成本配置不能不考虑历史参数，但更重要的是，要看它现在是否仍然具有投资价值，是否有良好的投资效益。注意及时调整成本的投资结构，提高重点学科人力资源成本的投入，使有限的经费去培养市场对路的高质量的人才。忽视市场需求，盲目追求所谓质量的做法，在市场经济体制下是不可取的。

（三）发展优先原则

由于高等学校的经费不够充裕，不少学校维持生存的观念往往占上风。但本书认为，学校要走出困境，发展是硬道理。对一个学校来说，维持和发

展都很重要，维持是生存之必需，发展则是维持的基础，两者缺一不可。但面对有限的教育资源，首要的是突出发展，以发展求生存是一种主动的生存方式。学校的教育质量、学科建设是学校发展的关键，是学校生存和发展的希望所在，应该优先考虑加大对这些关系学校发展前途的重要方面的投入，只有学校发展了，生存问题才能解决。

（四）最大效益原则

高等学校人力资源成本管理的目的就是要不断降低教育成本，培养出更多满足社会需要的人才，力求以最少的投入获得最大的经济效益和社会效益，使单位成本获得最大效益。因此，在成本计划时，不能盲目投入，在操作上应使成本投入向综合效益高的项目倾斜，并且以最少的人力、物力、财力，完成较多的管理工作，不断提高工作效率，在减少管理人员和管理费用的情况下，出色地完成成本管理的任务。

（五）全面管理原则

全面管理原则是指全校、全员、全过程的管理。全校管理指成本管理的全面性，即从校级到各院、系、各部门，以及后勤服务的各个环节都要实行成本管理，计算成本的收支。全员管理指成本管理的群众性，即从校长到每一个教职工，所有的教职员工都要参与成本管理，注意每个环节的消耗。全过程管理指成本管理的完整性，即从招生、专业和课程设置、师资培训、学生毕业以及科研项目的确定等，都要进行成本管理，讲求经济效果，通过预测、计划、控制、核算、分析、考核等方法进行所费与所得的比较。

二、高等学校人力资源成本管理实施条件

（一）以权责发生制作为会计核算基础

高等学校现行的会计核算基础，是收付实现制。它是以实际收付的资金为标准的，以实际收到和实际付出的货币资金的时间来划期，确定本期收入和支出的一种方法。收付实现制简单易行，在会计期末不需要调整应计项目和递延项目，但是，这样不能正确反映各期的事业计划执行情况和期末的财务状况。

权责发生制以权责关系的实际发生及其影响期间为基础，来确认收入和费用。凡应属于本期的收入和费用，不论其款项是否已支付，均应作为本期收入和费用处理；反之，凡不属于本期的收入和费用，即使款项已经收付，

也不作为本期的收入和费用处理。权责发生制的原则主要是从时间上确定会计确认的基础，其核心是根据权责关系的实际发生和影响期间，来确认单位的收入和费用。根据权责发生制进行收入和成本费用的核算，能够正确地衡量各会计期的经营业绩和财务状况。权责发生制是进行成本核算的基础。实行权责发生制，有利于正确计量高等学校人力资源成本。

（二）全面准确地计算固定资产折旧费用

固定资产支出属于资本性支出，不能将当年的固定资产建造和购置费用全部计入当年成本，而应该采用折旧的方法，将当年消耗的固定资产价值计入当年成本。对不同的固定资产，需要确定不同的折旧年限。还要注意将科研、后勤等方面使用的固定资产与学校培养、教育和管理学生使用的固定资产区别开来，科研用固定资产的折旧费用不宜全部计入人力资源成本，要研究如何核算和分摊固定资产折旧费用的方法。

三、高等学校人力资源成本管理实施条件

（一）人力资源规划是做好高等学校人力资源成本管理工作的基础

1. 高等学校人力资源规划工作的重要性

对于高等学校来说，要把引进、开发、利用人力资源工作摆在首要位置。高等学校要在保证人力资源质量的前提下，力求以降低人力资源成本为目标，充分重视人力资源的开发和利用，注重教职工的能力开发、综合素质开发，重视智力投资，合理配置人力资源，增强激励效能，提高管理水平。高等学校只有拥有一定数量的高质量人力资源，才能达到传播科技知识、培养专门人才、开展科研活动的目的，才能为国家建设做出更多的贡献。

因此，高等学校必须做好人力资源规划工作。人力资源成本中一项最大的支出就是工资支出，而工资总额在很大程度上又取决于学校内部人力资源的分布状况，即处于不同职务、职称或不同级别的职工的数量构成。如果不进行人力资源规划，或者人力资源规划不切实际，必然使组织在人力资源成本方面处于被动和盲目的局面。一是因预算太低，无法满足组织对人力资源数量特别是质量的需求；二是因人力资源数量和质量的失衡，在对人力资源成本无法控制的同时，造成人力资源数量和质量的浪费。因此，通过人力资源规划，预测组织员工数量变化和结构变化，并做出相应的调整，进而把人力资源成本维持在相对合理的水平线内，无疑是促进高等学校可持续发展

的不可或缺的部分。

2. 人事部门在人力资源规划工作中扮演重要角色

高等学校人事部门应该从传统的人事管理职能向现代人力资源管理职能转变，根据学校不同时期的发展状况进行人力资源规划，使人力资源与高等学校的发展要求相适应，把对职工的管理提高到战略决策的地位。

高等学校的人力资源规划与人力资源成本管理密切相关。高等学校人事部门要根据学校各类人员的实际需求做好补充更新规划、晋升规划、培训开发规划和工资规划，以便于财务部门根据人力资源规划测算相关的人力资源成本。

（二）建立人力资源成本控制系统

高等学校通过建立人力资源成本控制系统，使实际成本不超过预定成本限额，从而实现降低成本，提高经济效益，不断提高人力资源成本管理水平。人力资源成本控制系统，包括组织系统、信息系统、考核制度和奖励制度等内容。

1. 组织系统

成本控制系统必须与教育组织机构相适应，即成本预算是由若干分级的小预算组成的。每个小预算代表一个分部，院系专业或年级等其他单位的财务计划，与此有关的成本控制，如记录实际数据，提出控制报告，也都是分小单位进行的。这就是所谓"责任预算"和"责任会计"，按学校的组织结构合理划分责任中心，明确由其控制的行动范围，是进行成本控制的必要前提。

2. 信息系统

成本控制系统的另一组成部分是信息系统，也就是责任会计系统。责任会计系统是学校会计系统的一部分，负责计量、传送和报告成本控制使用的信息。责任会计系统主要包括编制责任预算、核算预算的执行情况、分析评价和报告业绩三部分。

通常，学校分别编制成本和财务等预算。这种预算主要按院系等单位情况来落实学校的总体计划。为了进行控制，必须分别考查各个执行单位的业绩，这就要求按责任中心来重编预算，按责任中心来落实学校的总体计划。这项工作被称为责任预算，其目的是使各责任中心的管理人员明确其应负的责任和应控制的事项。

在实际工作开始之前，责任预算和其他控制标准要下达给有关人员，他们以此控制自己的活动。对实际发生的成本，占用的资金，以及取得的收入和收益等，要按责任中心来汇集和分类。为此，需要在各明细账设置时考虑责任中心分类的需要，并与预算的口径一致。在进行核算时，为了减少责任的转嫁，分配共同费用时，应按责任归属选择合理的分配方法。各单位之间相互提供劳务或物资，要拟定适当的内部转移价格，以利于单独考核各自的业绩报告预算的执行情况。

在预算期末要编制业绩报告，比较预算和实际的差异，分析差异的产生原因和责任归属。此外，要实行例外报告制度，对预算中未规定的事项和超过预算限额的事项，要及时向适当的管理级别报告，以便及时做出决策。

3. 考核制度

考核制度是控制系统发挥作用的重要因素，主要内容有以下几点：①规定代表责任中心目标的一般尺度。它因责任中心的类别而异，可能是可控成本（包括人员经费、公用经费、业务经费）、投资收益率、设备利用率等。②规定责任中心目标尺度的唯一解释方法。例如什么是生均经费支出，生均设备费等作为考核标准，对它们必须事先规定正式的统一的解释。③规定业绩考核标准的计算方法。例如，成本如何分摊、相互提供服务和产品使用的内部转移价格，使用历史成本还是重置成本计量等，都应做出明确规定。④规定采用的预算标准。例如，使用固定预算还是弹性预算，是宽松的预算还是严格的预算，编制预算时使用的各种常数是多少等。⑤规定业绩报告的内容、时间和详细程度等。

4. 奖励制度

奖励制度是维持控制系统长期有效运行的重要因素。人的工作努力程度受业绩评价和奖励办法的影响。工作人员往往把注意力集中到与业绩评价有关的工作上面，尤其是业绩中能够影响奖励的部分。因此，奖励可以激励人们努力工作。奖励有货币奖励和非货币奖励两种形式，如提升、加薪、表扬、奖金等。惩罚也会影响工作努力程度，惩罚是一种负奖励。

规定明确的奖励办法，让被考核单位明确业绩与奖励之间的关系，知道什么样的业绩规格会得到什么样的奖励，恰当的奖励制度将引导人们去约束自己的行为，尽可能争取好的成绩。奖励制度是调动人们努力工作以求实现高等学校总目标的有力手段。

（三）推行生均成本核算体系

1.生均成本核算是实行人民助学金制到缴费制转换的基础

大力发展教育规模，不断提高教育质量，努力使高等教育机构容纳更多的来自社会各界的受教育者，使各阶层的人都能受到平等教育的权利，获得均等发展的机会，成为高等教育发展的主流。而对于高等教育缴费制度下明确规定需缴的各种费用数额，应该有一个科学的分析和定位依据。

2.生均成本核算是改革现核算体系的重要目标

总的来说，进行高等学校人才成本核算，是为了促进资金使用效率的提高，优化资源配置，为企业推行人力资源会计提供核算基础和可资借鉴的经验。具体目的有以下几点。

（1）计划和预算

定额标准如何确定，怎样才算合理，这就要依据一定的客观及科学的标准。核算人力成本，无疑为制定计划和预算提供了一个标准。

（2）控制

在执行预算过程中，需要一种尺度衡量实际操作执行情况与预算的差异，以采取恰当的措施，或者修正预算，或者改进工作。

（3）评价

人才成本可用于高等学校培养人才业绩评估的一部分。将人才成本指标与同类型高等学校及先进水平比较，可以找出差距，借鉴经验；将人才成本进行历史比较，可以分析历史发展趋势，消除可控制的不利于提高资金使用效率的因素。

（4）定价

核算人才成本可以为确定成本补偿程度提供客观依据。如确定对外提供教学服务的收费标准，确定高等学校内部各部门提供服务的"转移价格"。

3.教育成本的核算对象

根据高等学校的特点，应分别按照各专业、类别、层次的学生作为成本核算对象，编制成本计算单，全面反映各专业、各层次学生生均教育成本和教育总成本。高等学校成本核算对象，按专业性质划分为：理工、农医、文史、艺术、财经、师范等；按培养学生层次划分为博士、硕士、学士（本科生）、专科生，等等。划分成本核算对象，有利于教育成本的归集和分配，以便于准确地计算各级各类学生的培养成本。通过以上论述，达到对高等学校建立生均成本核算体系的初步认识。

第六章 高校人力资源绩效管理与培训开发研究

第一节 高校人力资源绩效考核

教职工绩效考核就是对教职工的工作表现与工作业绩进行评价，是高校人力资源管理的有效手段。它对调动教职工工作的积极性，加强师资队伍建设、建立有效的激励机制，具有重要的作用。实行教职工综合业务绩效考核，是用科学的方法和客观的标准，对教职工的品行、工作能力、工作业绩、工作态度、协作能力等方面进行评价。绩效考核工作，有利于总结工作、评岗定等、评优奖惩、职称评定和晋升晋级。

一、绩效考核概述

（一）绩效考核的含义

绩效考核是指，对高校教职工工作过程中表现出来的品行、工作态度、工作能力、工作业绩的质量或数量进行评价，判断教职工与其所从事的岗位要求是否相称，从而激励和督促教职工认真履行岗位职责，积极、负责、创造性和团结协作地完成各项工作。

绩效考核是学校人力资源管理的重要环节之一。绩效考核的结果是教职工聘任、奖惩、晋升等工作的重要依据。绩效考核是一种聘后管理，是有效的激励手段，又是下一轮岗位聘任的依据。

（二）绩效考核的种类

1.按照考核对象划分

学校绩效考核可分为专任教师绩效考核、党政人员绩效考核、教学辅导，改革研究人员绩效考核、政治辅导员绩效考核和中层干部绩效考核。对于不同的考核群体，有不同的考核内容与标准。

2. 按照考核时间划分

依据不同的时间界限，学校绩效考核可分为年度考核和平时考核。

年度考核是指学校按照规定的时间、内容和程序对学校教职工的绩效进行考核。通过年度考核，全面了解教职工在一个年度中所表现出的德、能、勤、绩情况，公正地评价教职工的综合素质，为教职工的奖惩、调整、调动等工作提供依据。平时考核是指学校对教职工日常表现和工作绩效进行的一种经常性评价。平时考核的时间安排较为灵活，考核的方法和程序简便易行。通过对教职工进行平时考核，可以及时掌握教职工在日常工作中的思想品行、工作实绩、工作态度等。平时考核的结果为年度考核积累了翔实的资料和参考依据。

3. 按照考核目的划分

按照不同的考核目的，学校考核可分为岗前考核、转正考核、晋升考核、例行考核、调任考核、培训考核等。这些考核是为了确定教职工是否具备承接下一任工作的能力，是一种标准能力测试。

4. 按照考核的主体划分

以考核主体划分，最著名的就是360度考核。这种考核主要分为上级领导考核、自我考核、同事考核、下级考核、专家考核与综合考核。360度考核综合了教职工周围工作关系的整体评价，考核的结果较为客观和充实。

（三）绩效考核的原则

为了做好学校绩效考核工作，在实际工作中必须坚持以下几项原则。

1. 客观公正原则

客观就是指绩效考核要以学校教职工的绩效为依据，不能主观臆断，无中生有，或者编造事实。公正是指在对学校教职工进行绩效考核时，评定的条件和标准，可以因职位的不同而改变，做到以"事"为中心，不能因人而改变。在绩效考核工作中，无论是对学校教职工工作数量，还是对其工作质量，都要建立在学校教职工实际工作的基础上。客观公正是绩效考核工作的基础，只有客观公正，才能使绩效考核工作收到实效。

2. 民主公开原则

民主公开是指通过有效的方式或程序，让教职工参与绩效考核工作的全过程，包括征求学校教职工意见、民主评议、民意测验，以及学校教职工加入考评机构等。

要增加绩效考核工作的透明度，做到绩效考核过程和绩效考核结果公开。同时，要允许被绩效考核教职工对绩效考核结果提出申诉，人力资源管理部门应有相应的机构和程序，保证公共部门人员此项权利的实现。

3.注重实绩原则

实绩是指工作中的成果、效率、效益的统一体。工作实绩是学校教职工付出的劳动并为大家承认的部分，是教职工的工作能力、工作态度、工作作风、工作经验，以及实际工作的质量和数量的综合体现。

在对学校教职工进行绩效考核的过程中，要注重实绩，注重考察学校教职工在教育教学、管理工作中的实际工作成果和业绩。它包括所完成的工作项目、工作数量、工作质量、工作效率、荣誉奖励等。

4.定性与定量相结合原则

学校教职工的工作绩效数据，虽然能够说明一定的问题，但是，仍具有局限性。在绩效考核的工作中，要坚持定量与定性相结合，综合测评。

要根据工作岗位的性质和工作成果的类型，适当地选择绩效考核方法。在各种组织系统中，简单的工作较易于进行定量的测量，而层次较高的，尤其是一些具有较高创造性的工作，应该更多地进行定性评定。

（四）绩效考核的作用

1.绩效考核有利于发现和合理使用人才

绩效考核是学校组织发现内部人才的最基本的途径。绩效考核运用科学的方法，对人员素质和能力进行有效考核，以达到客观、全面、准确地了解和掌握被考核者的情况。绩效考核的结果，也为进一步选拔和使用优秀人才奠定了基础。绩效考核能够有效地促进学校公正、公平人才机制的形成，为学校带来生机和活力。

2.绩效考核有利于激励教职工努力工作

学校将绩效考核的结果与薪酬制度挂钩，可以达到有效地激励教职工努力工作的效果。学校通过绩效考核，为教职工制定了日常工作和行为的测量标准，从而起到了鼓励先进、鞭策后进、强化学校教职工责任感的作用。学校绩效考核工作有利于促进教职工工作的积极性和主动性，有利于提高工作效率和工作质量。

3.绩效考核为人力资源管理的其他环节提供了参考依据

现代人力资源管理是以功绩制原则为导向的，工作能力和工作业绩，成为学校人力资源发展的标准和依据。绩效考核通过对学校教职工的素质和成绩全面鉴定、评价和分析，为奖惩、职务升降、工资薪酬升降、培训和辞退等，提供了客观的标准和依据。

绩效考核结果对人力资源管理其他环节的作用表现在：为学校内部人力资源供给提供分析依据；绩效考核标准可以作为人员招聘的条件，为招聘工作提供参考依据；绩效考核结果有助于管理人员发现学校教职工未达到工作目标的原因，据此对教职工进行适当的培训；绩效考核结果与薪酬制度密切联系，有利于更好地激励学校教职工。一个完整的绩效考核过程是管理人员与学校教职工不断沟通、交流的过程，在这个过程中可以创建良好的工作氛围和融洽的人际关系，实现组织和谐团结，增进工作绩效。

（五）绩效考核的基本理论与方法

1.绩效考核的理论

（1）系统考核理论

系统考核理论是把考核对象看成一个系统，考核指标、评价权重、考核方法等，均按系统最优的方法进行运作。通过对系统之间和系统内部的分析，使得许多纷扰复杂的问题层次化、简单化，从而达到解决问题的目的。以系统论来分析教职工绩效考核与评价问题，对提高绩效考核质量，是很有益处的。系统考核理论是按照系统整体性原理来评价系统的输出，而不是仅仅考核、评价工作成果的某个方面或某些部分。最优化个体的总和不等于系统最优，最优化的结果是建立好各要素的最佳组合，因此，高校教师的绩效考核要全面地、系统地综合展开考核与评价。

（2）目标一致性理论

目标一致性理论，指的是在评价系统中，应在系统目标、考核指标和考核目的三者之间取得一致，这是建立有效的绩效考核指标体系的前提条件。目标一致性理论主要包括以下几个方面。

①考核指标与系统总目标一致

系统存在于目标，系统输出的考核结果均体现为目标实现的程度。一是考核指标要与系统总目标在内容上保持一致。二是考核的内容要反映系统目标的整体性。

②考核指标与考核目的一致

考核的指标体系是一组既独立又相关，并能较完整地表达考核要求的考核评价因子。考核目的不同，考核指标也应有所变动。考核指标体现的是考核要求、考核目的的有效统一。

③考核目的与系统目标一致

系统目标决定了一切活动，考核工作必须服务于系统目标。考核只是一种手段，为考核而考核的活动是没有意义的。因此，考核的目的要与系统的目标保持良好的一致性。

（3）定量考核与定性考核相结合理论

在高校教职工绩效考核过程中，应体现定量考核与定性考核相结合。定量考核是以统计数据为基础，利用统计数据为主要考核信息，建立考核评价模型，通过数理运算得出考核结果的方法。定量考核可以摆脱个人经验和主观意志的影响，具有相当的客观性和可靠性。但是，定量考核过程不够灵活，难以发挥人的智力对考核的作用，而且教师的活动是一项智力工作，有难以定量的层面因素。

定性考核是由考核者对系统的输出做出主观的分析，直接给考核对象进行打分与评判。定性评价容易受到主观因素的影响，评价结果的稳定性较差。因此，高校教职工的绩效考核一般采取定性考核与定量考核相结合，发挥各自优势，弥补各自不足，实现考核工作的客观性与准确性。

2.绩效考核的方法

（1）考试法

考试法是指通过考试考察教职工的思维能力、知识储备、专业技能的一种方法。考试分为笔试和面试两种。通过笔试可以检验教职工的知识面、基本技能、思维能力等。面试可以考察教职工分析问题、解决问题的能力，语言表达能力、应变能力等。一般绩效考核时采用笔试和面试相结合的方法。

（2）排序法

排序法是按照学校教职工行为或工作业绩的好坏，把学校教职工从最好到最差排队，并将排队的结果作为人事决策及诊断不良工作行为的依据。排序法实质是对教职工日常工作绩效考核的积累，排序的结果依据日常的工作行为和业绩。一般来说，排序绩效考核采用多种指标。例如，出勤率、任务完成度、提升率、奖励及惩罚次数等。

（3）关键事件法

关键事件法是指，在某些工作领域内，教职工在完成任务过程中有效或无效的行为。它强调的是代表最好或最差表现的关键事例。其主要原则是确定教职工与职务有关的行为，并选择其中最重要、最关键的部分来评定其结果。

（4）臆断绩效考核法

臆断绩效考核法是指，上一级领导根据自己的观察与判断，来绩效考核其下属教职工的一种方法。由领导或人力资源部门列出各项绩效考核的因素和因素的相对重要性，上一级领导根据这些因素对下属进行评定。一般是按绩效考核结果的优劣依次计分，并将各因素得分相加，得出绩效考核者的总成绩。

（5）目标管理法

目标管理法是管理者与每位教职工一起确定可检测的目标，并定期检查这些目标完成情况的一种绩效考核方法。

目标管理法用可观测、可测量的工作结果作为衡量学校教职工工作业绩的标准，以制定的目标作为对学校教职工绩效考核的依据。一个绩效考核期结束后，需要对目标进行回顾分析。

二、绩效考核的程序与内容

（一）绩效考核的程序

绩效考核是学校人力资源管理的一项重要内容。绩效考核工作需要学校有组织、有步骤地进行。绩效考核的组织实施的程序如下。

1.准备阶段

准备阶段包括制订计划、确定工作人员及标准等。成立临时的绩效考核委员会或小组，由学校领导、人事部门管理人员、教职工代表三方组成，负责领导全校的绩效考核工作。绩效考核标准在上一轮考核结束时，就已经制定出来，可以针对其中的内容根据需要进行相关的修改。一般来说，绩效考核的标准涉及教职工的工作计划、目标或任务书等。

2. 实施阶段

（1）考核要素设计

学校教职工绩效考核是一项非常重要的工作，在正式绩效考核前，需要认真设计考核要素。绩效考核要素的设计，包括总体设计、局部设计和单向设计。总体设计包括各类人员绩效考核结构设计与评价要素设计。局部设计是对某类人员测评的相关要素设计。单向设计针对某类人员的某一方面评定内容要素的设计。

（2）建立考核要素指标

学校教职工绩效考核的要素涉及德、能、勤、绩、廉五个方面。这五个方面是一个有机的整体，其中，德、能、廉是教职工的业绩基础，勤、绩是工作成果的具体表现。在具体绩效考核中需要针对上述的五个方面内容进行细化，在工作分析的基础上，分解体现工作性质的因素，概括出反映工作本质的重要因素，形成绩效考核的指标体系。

（3）实施考核，得出结论

依据绩效考核的指标、程序、人员配置进行考核。收集并整理出绩效考核的资料，分类汇总，加以比较，得出结果。

3. 绩效考核的总结与修正

将有关绩效考核材料归档，同时，部门要对绩效考核情况进行总结，肯定成绩，找出差距。将绩效考核结果与奖惩、晋升、培训、工资等管理活动结合起来，同时，有针对性地修正下一年度的工作计划和人力资源发展规划，保证计划的合理性。

（二）绩效考核的指标

绩效考核主要是考核教职工的德、能、勤、绩、廉五个方面。因为不同工作岗位的性质不同，因此，在具体的教职工考核工作中，考核指标的选择会有不同的侧重。但是，教职工的考核一定是在上述五个指标的范围之内进行的。一般而言，专任教师、教学辅助人员、中层领导干部的考核重在德、能、绩三个方面。党政人员、学生辅导员的考核重在德、勤、廉三个方面。

德是指教职工的思想政治道德素质，能是指教职工胜任现职的智能水平和业务水平，勤是指教职工工作的勤奋与敬业精神，绩是指教职工的工作成果和实际绩效，廉是指工作中的廉洁奉公意识。为了使考核具有操作性，需要对考核的指标进行细化，在工作分析的基础上，概括出反映工作本质的重要因素，形成考核的指标体系。

（三）绩效考核的内容与操作

1.专任教师绩效考核

专任教师的绩效考核是整个活动的难点、重点。专任教师的绩效考核指标要尽量量化，增强可比性、可操作性。专任教师绩效考核的主要内容有：教师教学工作量、科研工作量、教学排序等。根据教师申请和优秀指标进行综合排序，向学院绩效考核小组推荐优秀等次差额人选。

同时，学校组织退休老教授成立教学督导委员会，通过听课、评课、检查教案、作业批改情况，给各系教师进行排序。各系领导通过量化数据，给教师进行综合排序。学院教师绩效考核小组通过各系上报的材料、报表、排序、科研成果原件进行审定。

2.党政人员绩效考核

党政人员的工作定性多、定量少；重复性、服务性、行政性工作多、弹性大，很难量化。因此，党政人员的绩效考核应重在"德""能"方面。可以通过行政能力职业测试和部门推荐、绩效考核小组审定、学院审批等程序进行测评。

其中，量化测评是高校党政人员绩效考核的一种有效尝试，可以开发绩效考核量化测评软件，强化岗位管理、淡化身份管理，建设一支高效、廉洁、精干的管理队伍，体现出机关工作"高效、优质"的特征。

3.教学辅助人员绩效考核

教学辅助人员多指各实验室人员和图书、资料等专业技术人员。实验室和图书馆是人流、物流、信息流的集散地，要把评估标准转化为人员绩效考核标准，推动实验室资源的优化重组。这类人员的绩效考核重在一个"能"字。学院可以组织"实验人员、图书资料人员岗位能力水平考试"，考试内容包括实验理论、实验技能和图书资料、情报服务管理理论与操作等。通过计算机网上答题、网上阅卷，力求成绩的真实性、客观性。为了扶持、建设好这支教学辅助队伍，评优指标要单列，单独成立绩效考核小组，力争建设一支创新型、科学型、实用性的高校教学辅助队伍。

4.学生辅导员绩效考核

政治辅导员是高校活跃在基层的一支较为特殊的队伍，是系党总支的得力助手，是学校学生处、团委的依靠对象。政治辅导员的绩效考核重在"德""勤"，政治辅导员可以参加"党政人员岗位能力水平考试"、业务素质考试（撰写心得体会，各系学生基本情况测试）和文化素质考试。

同时，组织学生进行测评，组织学院职能部门进行测评。学院绩效考核小组开展工作时，每人述职五分钟，综合各类排序，向绩效考核委员会推荐优秀等次，并上报绩效考核情况。

5.中层干部绩效考核

高校中层领导干部的绩效考核，是保证党的路线、方针、政策得以在高校贯彻落实的一个重要措施，体现了现代行政管理功绩制原则。高校对中层干部的绩效考核从德、能、勤、绩、廉五个方面进行。高校中层干部绩效考核的内容应简洁、实际。具体内容包括思想政治素质、组织领导能力、工作作风、工作实绩、廉洁自律等。

中层干部绩效考核要独立分类、立体化进行，可采取与本部门干部一起绩效考核、全校中层领导干部单独绩效考核、量化绩效考核三种方式。第一种将中层干部融入普通群众中，降低了绩效考核的条件和标准；第二种实行独立分类、立体绩效考核，能较全面地反映干部的实际情况，使绩效考核结果较客观、公正；第三种从理论上讲最理想，但在实践中很难操作。绩效考核要较好地将任期目标责任制和年度目标责任制相结合，强化绩效考核结果的严肃性和结果的运用力度，严格根据绩效考核的结果，来确定绩效考核等次。

第二节　高校人力资源考核结果

学校对教职工的绩效考核是管理的一种手段，考核的目的并不终止于考核的结果。对教职工业绩等情况的定论，是为了利用考核结果的文字或数字做进一步分析，挖掘出更深层次的含义，提出有价值的综合性意见，运用到其他学校管理的环节中去。

一、考核结果的分析

（一）考核结果的信度与效度分析

教职工工作业绩考核的信度是指，对同一工作岗位上工作业绩评估的标准，在不同的时期内应保持一致，不同的评估人对同一工作岗位上工作的教职工的评估标准要保持一致。

考核的效度是指评估的标准要正确、合理、合法。

学校绩效考核的工作过程，不可避免地要受许多因素的影响。例如，评估者的素质、评价过程的误差、计算方法的科学性、指标选择的准确性等，这些因素都影响着考核的信度与效度。学校考核工作要在不断总结经验的基础上，综合考虑影响评估工作的问题，提高考核的信度与效度。

（二）考核对象综合分析

学校要聘用经验丰富并深刻了解学校情况的专家或人力资源部门主管，依据考核的结果，对考核对象进行全面的、深入的分析，总结出综合分析报告。综合分析报告应该超出考核结果，提出对人力资源管理，乃至整个管理工作有价值的建议。分析报告的内容包括考核对象整体分析、具体类别分析、优缺点分析、原因分析、对策结论等。

（三）考核效果分析

从整体上看，一次考核过程会带来正面和负面两种不同的效果。学校通过可控因素，将负面效果控制在允许达到的程度之内，正面效果达到最满意的状态。考核的效果分析主要包括以下几个方面：教职工业绩情况、学校凝聚力情况、教职工心理状况、学校声誉等。

二、考核结果的使用

学校教职工的绩效考核结果，用途十分广泛。绩效考核结果的使用，是绩效考核工作的归宿和落脚点。

绩效考核结果的合理使用主要有以下几个方面。

（一）绩效考核与职务

绩效考核的结果可以用来作为职务升降的依据。通常情况下，绩效考核成绩优秀教职工的职务会晋升，相应的行政级别会提高。因为职务的升降与工资奖金挂钩，还涉及相应的权力、地位、声望等，职务晋升意味着收入增加、权力增大，对教职工具有强大的激励作用。

（二）绩效考核与培训

绩效考核的结果，往往决定了接受培训教职工的名单。一般来说，培训会针对两种绩效考核结果的教职工。一是绩效考核结果较差的教职工。通过专门的培训，提高这些教职工的薄弱环节，提升工作能力，直到适应、适合自己工作岗位的要求为止。二是绩效考核结果优秀的教职工。为了将优秀的教职工提升到更高的岗位，而进行的新岗位适应性培训，进一步提升教职工的工作能力和工作水平，为职务晋升做准备。

（三）绩效考核与薪酬

学校教职工薪酬的调整，往往要依据绩效考核的结果来执行。对于绩效考核合格的教职工，采取正常的、有节奏的薪酬变动方案。对于绩效考核成绩优秀，表现突出者，在正常薪酬变动的基础上，给予一定的奖金鼓励。或者加快这部分群体的教职工薪酬升级速度等。对于绩效考核结果较差的教职工，可能采取降薪和处罚等措施。但一般来讲，学校采用正面激励的方式为主。比如，让优秀者多涨工资，不合格者工资保持不变，用相对差距拉大而不是绝对收入减少的方式来激励。

（四）绩效考核与规划

绩效考核的结果可以用来检验和修正学校发展规划与人力资源规划。绩效考核是依据一定的学校组织目标来进行的。如果教职工能够大规模地超额完成既定目标，说明可以进一步改变，调整学校的发展目标。如果教职工大规模地未能完成既定目标，说明组织目标的设定超过了教职工的承受能力，需要调整修改。

（五）绩效考核与教师聘任

绩效考核为大学教师聘任提供了有力支撑，聘任制应按照绩效考核流程实施。聘任工作就是充分利用绩效考核平台，激励高校教师积极开展教学科研活动，提升高等教育发展水平。教师聘任过程，实际就是教师绩效管理的一个完整循环系统。教师绩效考核评价，是教师聘用和晋升的基础，是衡量教师水平的标尺。

（六）绩效考核与档案管理

学校绩效考核的结果是被存入个人档案的。作为学校教职工自身纵向比较的依据，可以客观记录和评价学校教职工的成长历程。同时，也可以督促教职工比照过去，积极进取，不断提高。

第三节 高校人力资源培训与开发理念

一、高校人力资源的基本特征与素质要求

高等学校是一个特殊的管理领域，它不仅仅承担着传播人类历史文化知识、推进社会文明的任务，更承担着进行科学研究、推动社会经济发展的重任。随着社会经济的不断发展，管理学的应用范围也从单纯的企业管理中拓展至社会系统中的每个角落。针对教育的管理虽然作为一种教育现象由来已久，但是真正地将科学的先进的现代管理理论运用到教育领域还是在20世纪中叶才开始的。一百年的风风雨雨使得管理理论产生了很大的变革，但是有一点却是亘古不变的，那就是适应时代要求的管理才是好的管理。针对教育的管理更应该是如此。管好学校，校长是中心人物；教好学生，教师是中心人物。学校没有教师，就谈不上传授知识和培养人才；学校没有高质量的教师，就谈不上提高教学质量。因此，在学校人力资源结构体系中，教师是一种关键性的人力资源。较其他组织领域内的人力资源来说，教师应该热爱教育事业，热爱学生；精通自己所教授的学科，有比较渊博的知识；熟悉教育科学，懂得教育规律；有良好的语言表达能力；品德高尚、为人师表；身体健康等等。这些主要说的是不同时代、不同社会制度的教师所应具有的基本特征，而在现代社会，特别是当今这个以知识经济为主体的信息时代里，教师还应该具备以下几个方面的素质要求。

（一）必须树立正确的世界观、人生观和价值观

作为21世纪的优秀人才要成为一名合格的教师，成为国家的脊梁，必须有崇高的理想境界和无私奉献精神，忠于祖国，热爱人民，只有这样，才能为了正义、和平及社会进步而做出一定的贡献。

（二）必须具有宽厚扎实的知识基础

作为一名教师的基本职责就是传播道理、教授知识和解除疑惑。没有一定的知识储备，根本就无法为人师，无法承担社会所赋予自己的责任。社会在发展，时代在变革，教师的职责与行为方式也要随之发生相应的改变以适应社会变迁所带来的挑战与机遇，所以具备合理的知识结构就成为作为一

名教师的最基本要求。

（三）要有高度综合的创造能力

知识创新能力数字化生存诸要素中最活跃的因素，国力的竞争实质上是知识创新能力的竞争，谁能创造出新的满足社会需求的知识产品，谁就掌握了竞争的优势。而教育则是推动社会进步与发展的催化剂。这不仅是作为人才的重要职责，更是作为一名教师所必备的因素。诚然，在当今社会，对人的要求是多方面的，除此之外，还要有竞争意识、独立意识、团队意识、合作精神、强健的体魄等等。

二、高校人力资源的发展方向

高等教育是一种特殊的教育层次，它能够使人在知识层次、技能本领和精神风貌等方面都有一个质的飞跃。现代高等教育是一种非义务教育，具有广泛的社会职能，其服务对象和范围也在不断拓展，对社会就业结构具有一定的调节功能。在信息时代里，高校教师人力资源的开发应该体现在学习目标的树立、教育主题的确立、教育主导功能的认定、教育时空观的转变、教育内容和方法的选择以及教师观念的变化等方面。

第一，信息时代要求人要面向世界、面向未来，这就要求学生必须树立短期或长期的学习目标，明确自己的学习方向，并不断地朝这个目标和方向努力。这时，教师如何引导学生树立正确的学习目标就成为关键。通过学习目标的树立，学生还可以完成对教师的选择，使教与学的互动模式得以实现。不仅如此，教师和学生的角色还可以进行互换，即教师可以求教于学生，做到真正意义上的"师不择于人，有能者为之"。

第二，教师应该明确对于学习者来说，教师的一切努力都不可能替代学生对学习的投入程度和掌握科学的学习方法。学习成绩不是教师的恩赐与馈赠，而是学习者的自我索取。教师在教学过程中只是起到培养学生的主体意识，提供主体参与的机会和条件，养成学习的能力和习惯。所以，在信息时代，教育主体应该是学习者，而不是教育者。也就是说，教与学的过程中，教育的主体是学生，而不是教师。

第三，信息时代的学生应该能够进行创新性学习，即可以在学习过程当中将现实与未来联系起来并促进时间上的一致性（预见性）和将自身融入学习环境当中去，创造出学习空间的一致性（参与性）。所以，信息时代的教师就应该以激发学生进行创新性学习为己任。并且，教师还应当借助计算机技术进行"虚拟教学"的软件开发与应用，为创新性学习在技术条件上提供保障。与此同时，教学工具与手段的开发和利用也将是教师的任务之一。虽然这可以由专业人员完成，但是，这方面教师具有得天独厚的条件，那就是与学生的接触。与学生接触，可以使教师得到第一手的资料，明确学生需要什么，怎样才可以使学生能够更好地学习，对课本产生更为浓厚的兴趣。

第四，在信息时代，人们接受教育的时间将增加，贯穿人一生。以在校学习为主要形式的职前教育和以函授、远程教育形式为主的职后教育就会形成回归教育。在这种形式下，教师也需要不断地进行再教育，充实自己，以便应对现实需要。在教育学问上，学校将是学习者接受教育的基本场所，但不是唯一场所。多媒体、网络化、虚拟性和交互式手段将近距离和远距离教学互通有无，相辅相成，大大改善了教学环境和学习条件。这就要求教师职业技能要不断提高，不仅要熟练掌握多媒体教学技术，还要熟知网络知识。

第五，以纸张为信息载体的教科书向只读光盘、重复擦写光盘教科书方向发展，使教科书多媒体化、程序控制化、互动化，更便于修订。教学方法、考试方法也将由于电子技术的帮助使教学的情景模拟、教学个别化和交互化成为可能。这样看来，教师不仅将增加做课外功的数量，也要增强课外功的质量。

三、高校人力资源的培训与开发

人力资源的开发任务，特别是高等学校教师人力资源的开发任务主要应该由高等师范教育承担，要想提高教师的综合素质，就要落实各种政策、制度，将师范教育的管理搞上去。具体来说，应着重抓好以下几点。

（一）拓宽培养锻炼教师的渠道，注重师德师资培养

从培养方针上看，要坚持面向世界，面向未来的方针，培养能适应现代化教育发展需要、面向现代化教育实践、适应现代化教学模式新趋势的复合型教师；从培养内容上来看，要把提高教师的政治思想觉悟、工作经验和提高专业知识等有机结合起来。无论教书还是育人，教师都在告诉学生怎样做人，教给学生做人的道理，这就要求教师有高尚的品质，更高的思想境界，言行一致，以身作则，成为学生的表率。从培养的层次来看，对不同的对象有不同的要求。教师的水平是参差不齐的，因而在培养时应区别对待。对文

化水平较低、教学困难大的教师，首先要过好教材关，实行教什么，学什么，缺什么，补什么的原则，做到弄通教材，掌握教法；对基本胜任教学的教师，要以教学大纲和教材为中心，学习系统的专业知识，拓宽知识面，进一步提高业务水平和教学能力；对业务熟悉，经验丰富的骨干教师，应鼓励他们总结经验，撰写文章，成为学科带头人；对没有学过教育科学的教师，应组织他们学习教育学、心理学、教育法，逐步掌握教育规律。从培养的形式来看，贯彻"三为主"原则，要把自学、学校教育、境外培训等有机结合起来。从培养的宗旨来看，要坚持围绕教学、服务教学。有的教师脱离教学需要，完全从兴趣出发；或者好高骛远，置教学工作于不顾，一心只在科研上下功夫；又或者忙于兼职工作，三心二意教学、全心全意赚钱……这些都会造成教师素质降低、师资道德沦丧，所以对教师的培养应紧跟时代特点，做到有的放矢，注重师德培养，多方位、多渠道的提高教师素质。

（二）要加大教师培养力度，知人善任，正确使用教师人力资源

要调动各方面的知识性力量，运用各种培训场所、阵地，多种形式、多种渠道加大教师培养力度，加快教师培养速度。培养能适应教育发展趋势的教师队伍，要把重点放在年轻教师身上。采取以老带新、以新促老的方法，既注重培养青年教师的创新能力、自学能力，使其更快、更好的成为一名优秀教师，也可以促进教师的进一步提高。同时，有计划地组织教师参加各种学习，邀请专家、学者作学术报告等形式，合理安排教师的课程，促使教师在原有的基础上循序提高。选才固然重要，用才更重要。所谓用才是指领导者把所属组织中的每个人做出合理、科学的安排配置，从而使每个人才的潜力都能得到充分的发掘。在教师人才的使用方面，我们要做到以下几点：①用人风气要正派。它要求用人者本身要德才兼备，要能克服和抵制用人上的不正之风，确立良好的正确的用人导向，清除用人上的腐败丑恶现象。②用人方向要正确。用好人才必须坚持党的干部路线和要求，并且配合高校这个特殊的环境，作为培养、考核、任用的指导方向。全面正确的把握德才兼备的原则，防止和克服只重才、不重德，只看文凭、不看水平的错误倾向，要重视解决用人所造成的积极或消极后果及人心得失的问题，要懂得用人具有强烈的导向、示范效应。③用人机制要改革。要通过实绩考核和社会公论来评价人才，领导和学生相结合来识别人才，这也是相辅相成、互相联系的

两个方面，是选拔任用制度改革的两个基本点。④用人方法要科学。在人才使用上要明确分工，用其所长，各司其职。要按实际需要因事、因时用人，这样易协调能力与职务的关系，做到唯才是举，大才大用，小才小用，通才通用，专才专用，避免出现小才大用和大材小用的情况。⑤要建立以人为本的管理体系。要建立科学严谨的教工培训体系、多维交叉的教工激励体系，灵活机动的人与事相互适应的管理策略，从而让教工同高校一起成长，使教工能够分享高校成长所带来的好处，给教工发挥潜能，施展才华提供舞台。在这种高校文化氛围下，教工能够感受到成功的幸福，能体会到人格的受尊重，也才能自觉自愿开拓创新、敬业敬职。

（三）优化教师环境，稳定教师队伍

教师作为一个特殊的职业，在人力资源开发战略中，我们就要从实际出发，一方面，要注重教师的培养、选拔和录用；另一方面，更要注重尊重知识，尊重教师，优化教师环境，稳定教师队伍，为教师队伍的开发创造良好的环境。稳定教师队伍。在未来的国际事务中，经济发展始终处于中心地位，经济增长模式将是依靠科学技术的进步和科学管理的水平，掌握现代科学技术和先进的管理水平需要的是人的素质。因此，应将教育摆在战略地位。而教师则是促使教育快速发展的关键。要加强高校自身文化建设。在我们所面临的激烈竞争的时代，高校人力资源管理的核心对象将是富有创新精神的、层次较高的教育工作者，在实践中，只有塑造以尊重人、关心人、信任人、培养人为核心的高校文化氛围，才能聚集人才，建立高校自身独特的文化，从而在高校竞争中成为赢家。

第四节 高校教学人员的培训与开发

一、人力资源开发与高校人力资源培训与开发

人力资源开发就是以发掘，培养、发展和利用人力资源为主要内容的一系列有计划的活动过程。它以人力资本投入为前提，包括人力资源的教育、培训、管理，以及人才的发现、培养、使用与调剂等诸多环节，通过政策、法律、制度和科学方法的运用，提高人的素质和能力，挖掘人的潜力。力求人尽其才，才尽所能。人力资源开发的基本途径是教育和培训。对高校来说，

培训是开发的基础。开发是在培训的基础上进行有针对性的知识的更新或者实践技能的提高。

高校人力资源培训与开发是高校依据教育教学的需求与发展的需要,对教师的潜能与职业发展进行系统设计与规划,向教师提供教育教学所必需的知识与技能的过程。通过培训与开发可以使教师明确自己的教育教学任务、工作职责和目标、提高知识和技能,具备与实现高校发展目标相适应的自身素质和业务能力,在最大限度地实现自身价值的同时为高校教育的发展创造更大的价值。

二、高校人力资源培训与开发过程分析

高校人力资源培训与开发是一项系统工程,它涉及培训与开发的指导思想、领导决策、培训目的、培训组织、培训方法、成本费用等。因此,要有效地做好这一工作,必须进行培训的过程分析。培训项目的全过程按时间顺序应包含培训需求分析、制订培训计划、实施培训计划、评价培训效果四个部分。

(一)培训需求分析

培训需求分析是整个人力资源培训与开发工作的基础,是通过组织分析(哪些部门需要培训)、工作分析(完成教学任务需要的知识、技能、行为和态度)、人员分析(谁需要培训),了解组织和个人的培训需求,确立目标。即在需求分析的基础上,确立培训要解决的问题和必须达到的目标。

(二)制订培训计划

培训计划有长期计划和短期计划两种。长期计划是高校人力资源规划的组成部分,是以高校的发展战略规划为基础制定的;短期计划即培训实施计划,以长期培训计划为依据。并从现实中的培训需求出发和结合实际具体制定,以提高培训的针对性和有效性。包括:培训内容、培训目标、培训对象、培训时间、培训场所、培训方法、培训所用教材及预算等。

(三)实施培训计划

根据培训计划主要做好收集培训相关资料;比较目标与现状之间的差距;分析实现目标的培训计划;对培训计划进行检查,发现偏差并进行纠正;公布培训计划,落实培训计划。

（四）评价培训效果

进行培训效果评价目的是在于了解是否达到了培训目标和要求，肯定成绩，找出差距，吸取教训，以改进今后的培训工作，提高培训工作的水平。评价培训效果主要有：确定培训评价标准、对学习者进行考核、针对标准评价培训结果、评价结果的转移（把培训的效果转移到教学实践中去）。

三、高校人力资源培训与开发的方法

高校人力资源培训与开发的方法是多样化的，为了达到培训目的，其方法应符合现代高校教育发展的要求，这样才能起到应有的效果。

（一）直接传授法

直接传授法是指培训者通过一定途径向培训对象发送培训信息。主要有授课、专题讲座、报告会等形式，注重理论的体系性，强调应知应会，适用于知识面类的培训。如高校的高校岗前培训，新知识、热点问题等方面知识的培训。

（二）校企联合法

校企联合法是指高校与社会上相关企事业之间的合作关系，是提高教师特别是中青年教师的专业技能和实践能力的一种师训方法，也是高校培养"双师型"教师的有效方法。高校要有计划地选派专业课教师到企业深入生产第一线进行顶岗工作或实习锻炼，提高实际操作技能，加快了解自己所从事专业目前生产、技术、工艺、设备的现状和发展趋势的有效途径。

（三）实践教学法

通过加强实践教学环节提高教师的专业实践技能，专业教师要积极承担实践教学任务，在指导课程设计、毕业设计和实训教学中，尽量结合实际，真题真做。在建设专业实训中心、教学工厂过程中提高教师的专业实践能力和技术开发能力，这也是培养"双师型"教师的方法之一。

（四）导师带培法

导师带培法是指为帮助新进教师（从大专院校分配的毕业生及新调入的教师），使他们能够尽快地掌握高校教育教学规律，在教学实践中应用高校教育理念而开展的新老教师之间的传帮带式的一种培训活动。新教师在老教师的指导下，认真听课、备课，积极探索教育教学规律，研究课堂教学艺术；老教师对新教师的指导应尽心竭力，言传身教。可以使新教师尽快适应教学

工作，提高业务水平。

（五）自我开发式

自我开发式是指学习者自我决策、自我分析需求、自我规范学习目标、自主决定学习方法，评价其结果的学习过程。对于高校来说，培训以个人自我培训为佳，在这种自我培训中，培训主体和客体以及培训的规划、实施和监督都是教师自身。通过自我开发式培训，学习者的学习不再是直线式、被动式的反应过程，而是自觉参与和主动探究的过程，这种方法主动性、有效性强，效果显著。

（六）网络培训法

网络培训法是通过公共的因特网或私有的内部局域网展示培训内容的一种培训方法。虚拟现实技术、情景模拟技术、互动、学习者之间的相互沟通以及实时视听技术等都能运用到网络培训上。这种培训方式可以随时随地向学习者传送培训内容；节约培训成本；提高培训管理效率。高校人力资源培训与开发应注意的几个问题：①培训的长期性。要把培训开发作为一项长期的工作来做，要按时间、层次、项目安排周密、扎扎实实地培训，不能走过场，不能顾此失彼或忽视培训效果的后显性，不能一劳永逸。②注重实践能力的培养。培训开发应重点放在对"双师型"教师的培训上，这是由高校教育自身的特点所决定的，在进行理论知识培训的同时，更应加强实践动手能力的培训。使高校的教师既是讲师、教授，又是工程师、高级工程师的"双师型"教师。他们应该是既能以扎实的专业理论知识授课，解决教学实践中出现的问题，又能以丰富的实践经验和熟练的技术指导学生实际操作的专门人才。③因材施教。根据高校发展战略目标及个人自身特点，有的放矢地安排适当的培训计划，取得培训的最佳效果。④注重培训效果的评估。人力资源培训应为高校实现发展目标服务，与实际工作紧密联系起来，不能为培训而培训或为文凭而培训，应通过一定的方式，对培训效果进行评估，不断改进培训工作，真正发挥人力资源培训与开发的作用。总之，高校要发展就要培训和造就大量的、符合高校发展特点的优秀教师人才队伍，加大高校人力资源的培训与开发力度，对教师进行针对性、科学性的适时的理论知识和实践技能的培训与开发，必将使高校不断增添活力，为高校教育的发展奠定坚实的基础。

第五节 高校管理人员的培训与开发

管理人员的开发，就是为了提高效率，按市场规则办事。知识密集型事业单位人员开发培训要按企业化方式运作，从人员开发培训入手，提升管理人员的素质。根据管理人员开发的目的，管理人员的开发包括两项基本任务：一是管理人员规划与预测，即根据我们的工作任务，对管理人员的数量、层次、专长等诸自然因素做出适应发展需要的规划和预测。人员规划过程还包括确定要补充的空缺职位，将预计的职位空缺与组织内部和外部可能的候选人相比较。然后制订整个单位的管理人员开发计划和适应个别需要的开发计划，如继任计划，以保证在组织需要时能补充经过适当培训和开发的管理人员。二是管理人员需求分析与开发。这一任务非常重要，是整个开发培训过程中的关键，我们为需求状况做出科学分析后，才能针对需求有的放矢地制订科学有效的开发方案。管理技能培训的重点总是指向在职培训，如有计划的工作轮换、辅导等。同时通过岗外培训补充扩展管理人员的知识面，填补知识差距、开发技能或改变态度，最终提高管理人员的素质，增强开拓、开放意识，提高工作效率，创造更良性的工作环境。

高校管理人员是高校整个教学管理过程和教学运行评价的直接参与者，是高校管理的具体执行者、组织者和协调者，也是稳定教学秩序、规范教学管理的关键人物。对高校管理人员而言，要提高认识，提高服务观念。增强服务意识，树立科学的管理观念，高等教育事业对高校管理人员的素质提出了更高的要求，高校管理人员应具备什么样的基本素质。如何提高高校管理人员自身素质，值得高校管理人员深入思考。

一、高校管理人员地位与作用

高校管理工作是高校全面工作的核心。高校的性质和任务决定了学校的一切工作都要以人为中心。高校管理人员是一支特殊的队伍，肩负着高校管理的重任。因此，要求高校管理人员掌握高等教育管理基本理论、谙熟高等教育规律、业务水平高、管理能力强、具有创新精神和敬业精神。高校管理工作涉及面广，内容繁杂，但同时这些工作也具有条理性和逻辑性。从教学角度看，高校管理工作经过教学单位确立课程、教学部门排课、学生选课、教师上课、教务质量监控部门安排听课、评课等课程教学管理周期；从学生角度看，高校管理工作经过了学生培养计划的制订、学生入学登记注册、学生学籍、成绩管理、日常教学运行、毕业资格审定、毕业证书的发放等学生管理周期。高校管理人员在其中承担了最基层、最具体的协调管理和服务工作。起着不可忽视的重要作用。

二、高校管理人员应具备的素质

随着社会的发展，高校管理人员具备的管理水平的高低直接影响到学校的教学水平，一支高水平、高素质的基层管理队伍是高校教学质量的有效保证。

作为高校管理人员应具备以下优良素质：①良好的思想道德素质，能正确处理个人和集体的关系，正确处理同事之间的关系，自觉维护集体荣誉。遵守国家法律和社会公德，要严于律己，作风正派。②扎实的业务素质，能够领会各项管理制度及相关政策，熟悉并掌握各项工作的内容、程序、方法和步骤，具备现代化的办公能力，熟练运用各种现代化操作技术。保证工作的准确性与效率。③较强的协调能力，具备通融豁达的协调能力，善于化解各种矛盾，各种关系。④优秀的组织能力善于把人力、物力、财力等各方面的力量组合起来，为实现高校管理要求的既定目标而做好工作的管理人员是否具备科学组织能力，是关系到高校管理工作成败的关键问题。⑤出色的表达能力，具有较好的表达能力，准确地、及时地传递信息，反映问题，搞好高校管理工作。

三、加强高校管理人员素质的培养

提高高校管理人员管理水平认识。加强高校管理人员队伍建设，搞好高校管理是提高高校教育教学质量的保证，也是做好服务育人的重要一环。在对高校管理人员的教育、培养、稳定等方面下功夫，在对教学管理人员的配备、使用、培训、晋升、待遇等方面制定相应的政策和措施。为高校管理工作创造良好的氛围。使高校管理人员努力有方向。工作有奔头。重视建设教学管理队伍，制定统一的建设规划和计划，把学历高、思想素质好、敬业奉献、年富力强，对自己要求严格的人员充实到高校管理岗位上，努力建设一支结构合理、素质较高、富有活力、勇于创新的高水平的高校管理团队。注重培训，加强对高校管理人员的培养。针对部分管理人员知识结构比较单一的学校可有的放矢地进行培训，培训应突出针对性、可行监和效益性。有计划、有步骤地选送一些有培养前途的管理人员参加系统的教育理论学习。到培训学校进修或到管理搞得好的院校调研学习、考察交流，提高科学文化素养，学习好的管理经验。使他们掌握教学规律。提高研究解决实际问题的能力。更新高校管理观念。改进管理方式。

四、高校管理人员培训与开发的方法

（一）在职培训

在职培训指在岗位实践中进行的实战培训，一般包括以下几种方式。

1.工作轮换

工作轮换在高校中非常重要，管理人员通过在不同部门的实践，可以了解高校运行的各个运行和管理环节，如人员队伍建设管理、教学管理、学科建设管理、教学辅助管理、后勤管理以及其他一些行政管理等，只有这样才能使管理人员具有整体意识和大局意识。受训者可以只是在各个部门实习，但更常见的是实际介入所在部门的工作。工作轮换可以加强受训者对整个单位各环节工作的了解，也可借此对受训人进行测试，确定他们的优势和缺点。工作轮换计划的实施需要做好如下工作：应根据每个受训人的需要和能力特点个别制订计划，将组织需要和受训人的兴趣、能力倾向和爱好结合起来考虑，而不是所有人遵循统一的标准和步骤：受训人从事一项工作的时间长短应依其学习进度的快慢而定。此外负责安排指导受训人的管理人员应经过专门训练，能够热情而有效地提供反馈和控制工作绩效。因为高校内部的各职能部门联系比较密切，因此这种训练的方式能发挥较好的作用。

2.辅导实习方法

这种培训方式是指受训人直接与他将要取代的前任一起工作，前任负责对受训人进行指导。这种实习方法有助于保证在管理职位因退休、调动等原因出现岗位空缺时，能立即由组织内部训练有素的人来代替，另外还有助于部门自己培养的高层管理者的长期开发的连续。这种方法的有效性依赖于现任管理者作为教练和老师的身份对受训人辅导或是传授本部门工作内容及规律等工作的质量，以及师徒之间关系的协调程度。

3. 行动学习

行动学习指让受训者将全部时间用于分析和解决其他部门而非本部门问题的一种培训技术。这是一种换位思考的方式，如受训者长期从事一种单一工作，对与其他部门的工作之间的协调、了解不够，则这种培训方式就显得非常重要与及时，它可以改善本位思想，树立大局观念。这种培训方式目前在高校已显得十分紧迫，随着国家对高校教学质量评估体系工作的展开，对高校的管理者提出了更新的要求，因为国家将要对学校这个整体进行评估，而不是像以往对学校内部的某一个部门或某一方面进行评估，这就要求所有的管理人员有大局意识、整体观念，可换位思考工作进程。这种培训要求本身作为管理人员的受训者定期开会，4～5人一组，在会上就各自的研究结果及进展情况进行讨论和辩论。行动学习在管理人员开发方面是具有先导性的方法。它用实际问题给受训者以真实的体验，在一定程度上能开发其分析解决问题、制订计划的能力。

（二）岗位培训

岗位培训主要是针对岗位特点进行情景模拟所进行的培训，一般有如下几种方式。

1. 案例研究法

指为参加计划的学员提供有关某个部门问题的书面描述，让他自己分析这个案例，诊断问题所在，在与其他受训者一起提出自己的研究结果和处理办法。案例研究旨在通过训练有素的主持人的引导，让受训者真实地体验确定和分析复杂问题的过程。主持培训的主讲教师扮演着非常重要的角色。要成功地应用案例研究法需要做如下努力：如果可能应从受训者所在单位的各部门选择案例。主持培训的主讲教师应把自己定位在催化剂或教练的角色上，尽量让参与者陈述看法，征求他人意见，正视不同看法。

2. 管理竞赛

指几组管理人员通过计算机模拟真实的单位运行做出决策来相互竞争的一种开发方法。目前这种模拟软件已广泛应用于理工科院校的教学实践中，作为高校的管理人员也应拿出相应的培训计划来模拟实践这种培训方式。管理竞赛就像在计算机上做游戏，真实而富有挑战性，令人兴奋。它帮助受训者习得问题解决的技巧，帮助其把注意集中在制定规划上，而不是临时应付。同时这种游戏有利于开发领导能力、培养团队合作精神。

3.行为模仿

训练时首先向受训者展示良好的管理技术（播放录像），然后要求他们在模仿环境中扮演角色，由他们的主管提供反馈评价。包括：向受训者展示做某件事的正确方式（示范）；角色扮演，让每个人练习用这种正确的方式做这件事；提供关于他们实际表现的反馈；最后鼓励受训者回到本职工作时应用所学的新技能。

4.单位内部开发中心

单位内部开发中心是以本单位为基地让有发展前途的管理人员去做实际练习，以进一步开发管理技能的办法。它通常将课堂教学与评价中心、文件练习、角色扮演等其他技术相结合起来帮助开发管理人员。

5.单位外研修班和大学教育计划

单位外研修班和大学教育计划中许多组织、大学开设的旨在为管理人员提供技能开发培训的研修班和课程。大学教育计划包括许多大学和学院开设的继续教育计划，针对个人特点提供的商务、管理等领域的个别课程，以及学位计划，这些培训具有鲜明的针对性和实战性，与高校的管理运行密切联系。

以上诸多方式方法的实施，就是为了提升高校管理人员的综合素质和创新观念，延续、发展高校的生存脉络。能较好地运用以上方法，在高校这种人才密集型单位，必将产生良好的效果，有利于人们观念的转变，全面提升高校管理的质量，提高对外交流的适应性，增强开放意识，积极适应未来的挑战。

第七章 人力资源管理理论在高校学生管理中的应用

第一节 期望理论在学生管理工作中的应用

随着经济的发展，高校的教学目标：教书育人培养各种高素质人才，为国家发展提供人才资源的功能将会越来越明显，而高校学生在社会中的特殊地位和作用是众所周知的，这支特殊队伍素质的高低已关系到对整个社会发展的评价。因此，运用管理心理学的期望理论来加强对高校学生的管理具有十分重要的现实意义。

一、期望理论的内涵与基本内容

期望理论认为，在任何组织中，员工会注意如下三个问题：①如果我努力的话，我能不能达到组织要求的工作绩效水平；②如果我尽力达到了这一绩效水平，组织会给我什么样的报酬或奖赏；③我对这种报酬或奖赏有何感想，是不是我所迫切希望得到的。相当于人们预期到某一行为能给个人带来既定结果，并且这种结果对个体具有吸引力时，个人才会采取这一特定行为。即个人是否采取某一特定的行为并为之付出一定的努力取决于三个方面的问题：第一，个体感到通过一定程度的努力而达到一定成绩和效果的可能性，即"努力——绩效的联系"；第二，个体对于达到一定绩效后可获得的结果或奖赏是否理想，即"绩效——奖励的联系"；第三，个体所获得的奖赏或潜在的结果对个体的重要程度，或者说与个人的目标和需要是否相关，即"奖励——个人目标的关系"。

二、期望理论在高校学生管理的应用意义

管理心理学期望理论主要是针对企业的组织管理工作，但是对于高校学生管理的工作也是适用的，对于调动高校学生的积极性和能动性，使之以

最大的热情和最饱满的精神投入工作和学习，有重要的作用。在新形势下将现代管理科学理论和方法引入高校学生管理工作，是形势发展的必然要求。管理心理学的期望理论着重强调人性化教育和柔性管理，注重个性和情感因素的充分发挥。这一理论的借鉴和应用恰好弥补了传统学生管理工作方法上的不足，成为高校学生管理工作顺利开展的新型有效手段。具体说，就是将管理心理学的有关理论和方法，通过恰当的手段运用到教育管理过程中，科学地把握学生思想、心理和行为发展变化的规律，努力提高学生管理工作的实效性。由于学生管理工作的疏导性原则和现代管理心理学的情感性要求相通，所以应用期望理论能够既丰富教育管理工作的理论体系，又拓宽学生管理工作的方法视野，增加被管理者的工作主动性。实践也表明：运用管理心理学的期望理论做学生管理工作，符合当代大学生的思想、心理和行为特点，尤其是在目前大学生的年龄普遍偏小、自我意识却不断增强的情况之下，这种理论的应用价值更加突现。

三、期望理论在高校学生管理中的运用

（一）制定目标，塑造环境

1. 制定明确的奖励制度和措施

学生都渴望成功，期望得到他人的认同，并愿意为这种认同而努力。在实际的学生管理工作中，教师应当制定明确的奖励制度和措施，并针对不同年级、不同个性的学生实施不同的奖励办法，提高他们的学习积极性以及对自我的目标期望值。尤其要加强对后进学生的关注，善于发现他们身上的闪光点，及时予以表扬和奖励，将"成功教育"真正落到实处。对此，积极的暗示便是值得运用的一种好方法。实验表明，积极的暗示通过显意识进入潜意识，到达意识的深层部分，并能持续的存在，有时比直截了当的指示、命令起到更大的作用。"罗森塔尔效应"便是期望理论在学习中成功运用的经典案例。对于那些缺乏自信、性格内向自卑的学生，教师应随时随地多给一些积极暗示和期望。在学生干部的安排上，在集体活动参与中多鼓励、多支持他们，帮助这些学生建立起自尊自信。著名成功学者希尔的研究表明，积极的带有创新意识的暗示会让个体在自发心理中实现自己的目标。

2. 帮助学生确立合理的目标

首先老师们要做的是帮助那些缺乏动力的学生认识到学校的各项物质、

精神奖励的重要性和各类规章制度的严肃性、必要性。尤其是对走上社会找到好工作的重要性。通过教育让他们明白每年高校毕业生众多，在校期间获得的各种表彰奖项将是求职中脱颖而出的试金石、敲门砖。同时还要帮助调整比如奖学金不如打工钱多、比如理论知识用处不大、比如非专业课知识用处不大等不正确的思想。积极引导他们设立自己的目标，找到自己的动力。特别地，老师对于不同的学生，应有不同的期望值，对于学生设立的目标应该是被认为可以达到的，鼓励学生去完成自己能力范围内的事。否则，如果学生感到目标总是实现不了的话，反而会打消学生的学习积极性。

3.努力创设一个良好的育人环境

优美的校园环境，丰富的学习资源，融洽的师生关系以及健康的心理状态，都将有利于管理工作顺利开展。总之，只有不断把新的科学理论和方法引入高校学生管理工作，变过去传统的"刚性"教育管理为"柔性"教育管理，才能开创新时期学生管理工作的新局面。

（二）目标管理在学生管理中的应用

高校学生工作面临头绪多、任务重、人员编制少、考核量化难等问题，有必要对高校学生工作的目标设置、进程控制、绩效评价等进行研究，为规范学生工作管理，提高人员的工作积极性提供一套有效的目标管理制度。

1.目标管理的概念

目标管理是20世纪50年代中期在科学管理和行为管理理论基础上形成的一套管理理论。它以科学管理和行为科学理论为基础形成了一套管理制度，这种制度可以使组织及其成员共同参与制定工作目标，在实现组织对各阶段目标实施情况控制的同时，实现组织成员的自我管理和自我控制，并努力完成工作目标。目标管理是在由组织及其全体成员制定出期望达到的目标后，由各部门和全体员工根据组织总目标的要求，采取上级部门与下级部门间以及平行部门间相互配合的方式，来协商确定各自的分目标，并将这种目标贯穿到组织的各部门及各单位员工，同时在目标执行过程中实行逐级的充分授权，使各员工自主地确定实现目标的方法和手段，以达到自我管理。由于有明确的目标作为考核标准，对员工的评价和奖励可以做到更客观、更合理，从而大大激发员工为完成组织目标而努力的积极性。

高校学生工作目标管理是目标管理理念在高校管理中的运用。学校管理者引导师生员工共同确定学生工作总目标并以总目标为指针，确定各学院及各自的分目标，在获得适当资源配置和授权的前提下积极主动地自我控制，为自觉承诺的目标而奋斗，从而使学生工作管理总目标得以实现。相对于传统的管理方法，高校学生工作目标管理将管理重心下移，赋予各学院和学生管理者更多的自主权，使之能发挥主动性，实现治事与用人的有机结合，使各学院和师生员工的目标与责任相结合，权利与利益得以量化，强化了自我控制的能力，也使学生工作管理的总目标得以有序实现。

目标管理具有三个方面的特点：①目标管理摒弃了传统管理方式强制性管制或强迫性制定目标的方式，而由管理者和管理客体共同协商、研究制定出来的。它是一种参与式的管理，在制定目标之后管理客体直接对目标负责，上级与下级共同协商、共同管理，从而有利于他们之间的协调统一。②目标管理体现管理客体自我管理、自我控制的能力。因为在目标管理中一旦目标确定之后所有人都要以管理目标为中心，这就需要管理客体对自己严格控制与管理，从而激励管理客体在压力之下积极完成目标。③目标管理具有一定的系统性。目标管理通常都是由几级目标共同组成的，下级目标围绕着上级目标制定，同级目标之间积极协调与统筹规划，它的实现也能积极促进总体目标的实现。

2.高校学生工作目标管理的意义

目标管理体现了系统论和控制论的思想，将之引入学生管理工作中具有十分重要的意义：目标管理具有统一行动的作用，在管理目标明确以后各子系统便可围绕这一目标采取统一行动并确定相应的对策与方法；目标管理具有激励管理客体的作用，一个切合实际的目标往往也符合绝大多数客体的共同利益，这样在学生工作中能够有效地调动师生员工的主动性、积极性和创造性，从而团结一切力量促进管理目标的实现；目标管理具有协调关系的作用，因为在一个统一目标的指引下，各管理客体能够紧紧围绕管理的目标而形成一种协调配合的局面，在高校学生工作中则体现为各学院、年级的次级目标根据学校总体目标和年度目标进行相应的变化，形成各学院相互配合的体系，从而有效实现学生工作的管理总目标。

通过完整的学生工作目标管理过程，可以建立起一套具体、可衡量的目标管理制度，从而实现对师生员工行为的引导、激励和控制的有机统一。

这种科学的管理方法，一方面，把工作与人结合起来，让人认识自我的工作价值，通过自我控制去实现各自的目标，从而保证总目标的实现；另一方面，它通过目标分解、层层落实，实现了组织内部的相互协调和综合。把目标管理引入高校学生管理工作，能使高校的各项管理制度量化分解、确切具体，并能最大限度地调动学生管理者的积极性和工作效率。

3.高校学生工作引入目标管理的契机

随着高校各项改革措施的逐步实施，岗位聘任制也开始推行。岗位聘任制度是指高校各岗位根据其工作任务在高校内部按照"双向选择、优化组合、竞争上岗"的原则进行聘任的新的人事制度，这一制度自施行以来在各高校均产生了较为强烈的影响。它的实施有利于资源的优化配置，有利于激发员工的工作热情与积极性，最大可能地发挥工作人员的主观能动性，同时，也有利于高校员工更广泛地实现自身的价值，实现效益最大化。将目标管理引入高校学生管理工作当中，可为其提供强而有力的理论保障，对每一位学生工作人员设定工作目标，确定工作职责，强化员工的责任心，并对其目标的实现情况进行考核，考核结果直接作为继续聘任的条件，为岗位的聘任工作提供了科学的依据。

4.高校学生工作管理目标的设置

目标设置是进行目标管理的第一步，设置的目标是否科学合理是目标管理顺利进行的关键。高校在学生工作中要考虑主客观条件及对未来情况的预测，以科学性、合理性和适度性为原则，制定高校学生工作管理目标。根据学校总体目标和年度目标结合实际情况制定学院学生工作的分目标、各年级学生工作的分目标和学生工作人员个人工作目标。

（1）学生工作管理目标设置的原则

设置科学合理的管理目标必须遵循一定的原则，这样才能保证目标的正确决策和执行。因此在制定学生工作管理目标时就需要遵循以下原则以使目标得以有效地实现并促进学生管理的积极开展。

①学生工作管理目标须具有适当性

目标是学生工作管理要达到的一个标准，目标过高或过低都不能起到激励作用，反而将影响学生工作管理者积极性的发挥，目标过低调动不起管理者的积极性，目标过高会压抑管理者情绪，起到反面作用。因此应该具有相对较高的标准和适度的超前性，否则就失去了设置目标的意义，也无法推进学生工作的积极开展。

②学生工作管理目标须具有可行性

不同的学校、不同的学院、年级及工作人员都有其不同的实际情况。结合了各自的实际且坚持了实事求是，制定的目标才能起作用，否则等于空谈。只有充分考虑其实际情况并加以综合分析制定出的目标才会具有可行性和可操作性，也才会得到有效的实施。

③学生工作管理目标须具有整体性和时间性

整体性是从总体目标方面来说的，要将各自的目标相互协调和相互配合，使各个学院及各个年级、各个工作人员相互联系得更为紧密。应该把制定目标和目标的实施视为一个整体，不能无全局观，无整体观。时间性是指按要完成的工作的质和量的规定，必须在一定的时间内完成。学生工作管理目标不能放任自又地发展，必须按时完成规定的要求。如果忽视管理目标的时间性就无所谓按时完成任务，实际上就是自我否定目标管理。

④学生工作管理目标须具有层次性

层次性指制定目标时的层级，学生工作管理目标的设置要明晰各个层级及其相应的目标。不重视层次性，就会导致目标管理的混乱，更无法实现科学合理的决策。层次性大致分为学校学生工作目标、学院学生工作目标、各年级学生工作目标和学生工作人员个人工作目标。明晰了各个层次就可以层层管理，相互配合，更好地完成学生工作。

（2）学生工作管理目标设置的程序

①学生工作管理目标时间的确定

根据学校的实际情况，考虑到学生工作的实际特征以及学生工作人员的任职，学生工作管理目标可分为学期目标和年度目标。学期目标和年度目标的完成情况是给予各学院、各年级及各学生工作人员奖励或惩罚的依据。而对于各学期目标和年度目标在学生管理实际情况发生变化时也可以经过各上级的允许而进行适当调整。

②学生工作管理目标的分配

将学校学生工作的总体目标分为学院学生工作目标、各年级学生工作目标和学生工作人员个人工作目标。学校的学生工作管理目标要和各下级目标紧密联系、互相配合，才能使学生工作的全面管理落到实处。实际上，最主要的还是应该对各个学生工作人员制定详尽的个人工作目标，将目标责任切实地落实到个人。通过学校工作人员参与目标的制定和实施，将各个工作人员的切身利益与学生工作联系起来，有利于学生工作管理的效率。

③签定目标实施计划协议

目标的设置不是根本，实施才是最重要的，因而要以协议的形式将个人的实施任务及责任落实到实处。全体工作人员共同认可明确各自的目标、责任并固定在协议书上，保证所有工作成员以协议书的内容为准积极工作，并将之作为考核评价其工作绩效的依据。

（3）学生工作管理目标设置的方法

学生工作管理目标的设置须遵循一定的原则及程序，同时管理目标的设置也有相应的方法来保证制定目标的科学性及合理性。在制定管理目标时，应尽量采用定量目标、成果目标和共性目标。具体方法主要有如下三种：①程度化法。程度化法就是把一些定性目标和阶段目标按其程度分成几个等级，每个等级有具体的内容。学生工作管理目标按其对学生管理的直接程度及相应的能力，划分为学院、年级、工作人员等几个层次并赋予各个级别的管理者相应的职权。这样便于各级管理者按其分目标来实施目标，使得目标便捷地实现。②因素分配法。因素分配法就是依据影响完成目标的因素，将学校的目标分配给各个层级。对于学生工作管理目标要考虑各个学院学生的数量、质量及管理的难易等因素，并合理地给出这些因素之间的权重。在制定各目标时对于其权力、责任及利益的比重都予以适当分派，使利益得到平衡，各工作人员更积极地完成工作任务。③平均分配法。平均分配法就是将学校的目标平均分配给每个院系。对于基本目标要将之平均分配，各个学院之间、年级之间、工作人员之间的目标必须达到相应的平衡，不可偏颇，否则不利于调动工作人员管理的积极性。

3.高校学生工作管理目标实施的路径

目标实施是促使目标实现的核心环节，制定的目标必须通过实施才能产生效果。在目标实施中，不仅要明确各级管理者的职责和任务，授予相应的权力以保证其职责的履行和任务的完成，还要给予相应的利益作为承担责任和任务的报酬，以保证管理目标得以有效实现。

（1）组建高效的学生工作管理机构

要使各个学院、年级及工作人员的目标科学地组织起来并有效配合促进学校目标的最终实现，最主要的一点就是要建立高效的学生工作管理机构，以实现对各级目标实施进程进行控制。学生工作管理机构需要有足够的领导凝聚力、良好的服务态度和极高的协调能力、应变能力。它能够协调各个部门和工作人员的工作，根据实际情况做出有效的决策，并对目标的实施过程进行监控。要在学校范围内形成一个既分工合理又协作配合的管理机构体系，为学生工作目标的实施提供保障。

（2）明晰各管理目标的职责

在学校制定的管理目标的总体框架内，各个分目标既相互独立又有密切联系，必须对各级目标实施主体的职责予以明晰，才能保证管理目标的有序推进。在各级目标的实施计划中，应该都明确表明各自的权利、责任及相关利益，使其能够在一个明确的目标指导下进行工作。其中最主要的应该是各工作人员的职责，因为他们是实施学生工作的直接主体，他们的直接管理对于目标的实现有着决定性的意义。因此，在目标的实施过程中应该明确各级管理者的职责以保证他们能采取有效措施实现目标。

（3）对目标实施进行管理监督

①抓好过程管理

在目标管理理论中，过程管理即实现目标的过程。在高校的学生管理工作中，过程控制就是指学生管理系统在制定目标以后，为了实现这一目标而对学生管理系统采取的以监督为主、辅之以调整等的一系列措施。目标制定出来以后能否实现，取决于为追求目标实现过程中所进行的科学管理，因此，抓好过程管理非常重要。

在抓好过程管理的过程中，应注意解决好以下几个问题。第一，明确各学生工作人员的职责范围。只有在权责一致的情况下才能更好地提高高校学生管理工作的效率。目标管理的实施过程是一个动态的过程，这就要求在管理的实施过程中要紧紧抓住每一环节的各个阶段的质量管理，检查各阶段性目标是否高质量的达成。一旦出现问题，即可根据职责划分找到相关的责任人，予以改正。第二，要充分发挥各学生工作人员的主观能动性，协调好各管理层之间的关系。管理者要充分地相信学生工作人员，大胆放权，腾出更多的时间与精力做好管理工作。与此同时，各学生工作人员在自己的职责范围内可以更积极地发挥自己的主观能动性，大胆开展工作。这样，有利于调动管理者与被管理者的积极性。第三，用辩证的观点关注目标实现进程。目标管理应根据环境与条件的变化而不断地进行调整与完善，不断更新内容。学校学生工作管理机构在目标实施阶段应定时检查和分析各级目标的实际执行偏差和达标情况以及各目标的实施均衡情况，同时有效控制目标。如果发现各分目标不合理或者与实际情况严重不相符时，就必须召集各级管理者共同协商修正原目标计划。尤其是当实际情况发生重大变化或管理目标本身有重大失误，预定目标如果无法实现时就必须及时重新调整目标，改变各级分目标，以避免资源浪费。

②发挥利益调控功能

所谓的利益调控功能主要就是指学校学生管理机构运用其综合协调能力和对各级部门管理经费的调控，使之及时完成工作任务的方法。建立利益调控机制，使工作人员经费与工作任务和质量挂钩并按一定比重进行再分配，这是管理机构监督目标实施的一个实用而有效的手段。这样更利于发挥各学生工作人员的主观能动性，各学生工作人员在明确自身的工作任务以后，在利益的驱动力下，会自觉地、有意识地追求各自目标的实现。

③强化监督

监督管理目标的实施需要建立良好的信息反馈网络，密切关注学生工作管理活动的运行状态是否与确立的目标体系相符。只要出现问题，管理者马上就可以通过这些信息渠道了解情况，在实际调查核实的基础上予以及时解决。还可以及时对出现偏差的管理目标进行修正，确保管理目标按照正确的方向发展，从而保证总体目标的实现。

各级管理目标的执行者也应该相互监督，不断关注相互之间目标实施的动态。因为他们有相通的职责范围，对相关的实施情况会更加了解，从而给出更客观和更公正的评价，建立相互之间的监督机制是保证管理目标实现的一条有效途径。

（4）健全激励和惩罚机制

健全的激励和惩罚机制是保证目标管理顺利进行的重要手段。各级学生工作管理者的业绩被承认有利于调动工作人员的积极性。

另外，目标实施的过程中要重视原则性和灵活性相结合：制定目标应该高度重视执行目标的原则性，不应随意改动已制定的目标，尽管学校在发展过程中难免会出现一些预想不到的情况，这就需要结合实际灵活处理学校已制定的目标。

4.高校学生工作管理目标实现的绩效评价

学生工作管理目标机制，是目标管理的最高约束手段，也是衡量管理成效的标尺。对学生工作管理目标进行绩效评价有两大目的和作用：一是为了提高学生管理工作实绩，促进学院乃至学校学生管理方面工作质量的不断提升；二是为人事决策提供依据。也就是说，绩效评价的结果是用来和奖金、薪酬，人员的任用、晋升等人事决策挂钩的。

要做好绩效评价环节，必须要建立健全目标评价体系。目标管理的工作过程复杂，主观意愿较多，要对之进行评价就要建立科学的目标质量测评体系，才能够使结果更公平、公正。

（1）考核标准应合理具体

目标考核体系中考核标准就是目标要达到的具体程度，制定时要把握以下几个原则：考核标准要清晰明确；考核标准应客观；标准之间要协调一致；考核标准要全面；考核标准必须有效。考核的工作将直接影响到学生工作目标的实现，因此考核时要尽可能的将其量化。只有目标考核体系制定得合理具体，可操作性较强，并在实践工作中严格执行，考核的结果才能让学生工作人员信服，也才利于学生工作队伍工作积极性的提高。

（2）奖惩标准应及时兑现

评价结论与利益挂钩，所以兑现奖惩非常重要。对考核优秀的应给予精神或物质的奖励，而对考核不合格的则进行批评教育予以适当处罚。只有这样才能最大限度地调动人们为实现目标任务而努力工作的积极性、主动性和创造性，也为新一轮目标管理的有效进行打下坚实的基础。同时在具体操作的过程当中应避免目标机械化。考核的结果在个人与个人之间进行分别比较的同时，也要适当地考虑自我比较，比如说对于一些管理难度较大、守纪意识较为薄弱的班级，只要他们在一段时间内有显著的进步，不管是班级还是带班的辅导员，学校或学院都应对其表彰，激励他们取得更大的进步。

（3）目标考核体系应体现阶段性

高校学生工作具有周期性的显著特点，同时，学生工作在各个阶段的工作任务也略有不同，因此，在制定目标考核体系时应充分考虑，并分阶段制定分期目标。在一个工作阶段结束以后，也便于学生工作人员对上一个阶段的工作进行总结，积累经验，吸取教训，并将这些经验教训运用到下一个阶段的工作实践中去，不仅可以提高我们在学生工作中运用目标管理理论的质量要求，也能提高高校学生管理工作的整体效果。

（4）绩效评价应体现程序化

绩效评价应体现程序化，一般分为四步：第一步是自评，各目标实施主体包括学校、学院、各工作人员应根据自己制定的工作目标，如实地结合自己的工作情况写出自评报告，确定自评的等级。第二步是职能部门按下达的任务指标和考核指标体系对各目标实施主体进行考核评价。第三步是学校成立专门的考核小组考评。学校考评组遵循公正、公平、公开的原则，深入到各学院进行实地考评。第四步是学校审定，考核结论由考核小组交学校最后审批。

（5）建立健全信息反馈机制

在考核结论拟定出来以后，应及时将评价工作的各个环节及信息公之于众，学校管理者应将评价结论及其潜在原因反馈给各管理实施主体，建立健全绩效评价信息的反馈机制。目标管理是具有定量化的指标体系，能使实施主体知晓自己工作中存在的问题以及上级提出的建设性的改进意见，从而进一步改进。因此，绩效评价信息反馈和沟通有利于增进学校与学院、学院与工作人员、各学院之间的相互了解和信任，增强评价的激励效果，进一步改进和提高绩效。

第二节 激励理论在学生管理中的应用

一、激励理论的概念和运用原则

（一）激励理论的概念

激励理论属于心理学方面的内容，用心理学的知识理解就是一段激发的心理过程，通过这种持续对主体动机激发而产生的过程，反映了激励的主体和客体的相互作用和影响。而激励理论也可以分为这几大类，认知派激励理论、主义激励理论和综合性的激励理论。将激励理论引入到高校辅导员的学生管理工作中，就是通过这种激励的方式鼓励学生的学习主动性，

不再局限于课本知识的学习，而是更加注重综合能力发展。激励理论主要包含了以下几方面：第一，诱导因素。诱导因素就是对学生积极学习之后的奖励，这种奖励根据实际情况和经济资源等因素设计实际奖励形式。第二则是行为导向制度，是指组织在行为方式、努力方向和价值观等方面对于成员的规定，要求在高校学生管理中，培养学生的全局观、集体观。

（二）激励理论的运用原则

激励理论运用的首要原则是设置合适的目标使其与人们的内心满足相结合。研究表明，有目的性的行为比没有目的性的行为效率高，制定符合需要的目标才能提高人们的积极性，所以在辅导员的学生管理的激励方式中要有所针对、因人而异才能成效更高。激励理论应用的第二个原则就是要注意内在激励和外在激励的结合，外在激励是人们想要努力获取的外在目标，可能是好的成绩分数，也可能是人们的赞赏和认同。而内在激励则主要表现在精神上，让被激励者内心感觉被鼓励，涌起更多成就感和荣誉感，主动提升学习热情，将这种内在和外在的激励结合在一起，能够更加有效地促进学生的健康发展，培养学习积极性。

二、高校辅导员学生管理工作中激励理论的运用意义

学生教育管理工作中，运用了激励理论能够帮助学生更好地和辅导员交流，明白自己的问题所在。同时激励理论也能够帮助学生树立自信心，不断完善自我，因为学生管理工作本身就是需要辅导员进行实践到理论再到实践转换的动态变化过程。所以辅导员对学生的直接激励能够有效地帮助学生管理和学生道德素养的提升，创造有理想、有道德的班级氛围。

第三节 马斯洛需求层次理论在高校学生管理中的应用

随着社会的进步，当代大学生的学习、生活状况发生了显著的变化。这些生活状况的变化改变着大学生这一群体的需求状况，大学生最迫切的需求已经由低级的生理上的、安全上的需求开始转变为感情上、尊重上、自我

实现上的需求。

当前两种需求得到基本满足，对爱和归属的需求就开始支配人的动机和行为了。在这一层次的人，非常珍视友谊、家庭和在一定社会团体中和谐的人际关系。如果需求得不到满足，人就会产生紧张、忧虑、沮丧，甚至被抛弃的感觉。大学生的年龄段正值面对生活事业的形成期，因而更加看重爱和归属的需求。所以，处在这个时期的大学生们，最容易受到感情的伤害，因为此时他们的心灵一般都很脆弱，有的是第一次体验爱情，所以还没有免疫力。而且这个年龄的人都比较敏感，又是初次体会现实社会的残酷，所以，第三个层次的需求如果得到满足，会使大学生的生活更加丰富多彩。同时，有了感情的支撑，做其他的事也会事半功倍。

尊重的需求可分为自尊、他尊两类，包括自我尊重、自我评价以及尊重别人。与自尊有关的，如自尊心、自信心，对独立、知识、成就、能力的需求等。尊重的需求也可以如此划分：①渴望实力、成就、适应性和面向世界的自信心以及渴望独立与自由；②渴望名誉与声望。声望为来自别人的尊重，受人赏识、注意或欣赏。满足自我尊重的需求导致自信、价值与能力体验、力量及适应性增强等多方面的感觉，而阻挠这些需求将产生自卑感、虚弱感和无能感。基于这种需求，愿意把工作做得更好，希望受到别人重视，借以自我炫耀，指望有成长的机会、有出头的可能。显然，尊重的需求很少能够得到完全的满足，但基本的满足就可产生推动力，这种需求一旦成为推动力，就会令人具有持久的干劲。

自我实现是马斯洛需求层次论的最高境界。就个人而言，它是一个"痛并快乐"的过程。发挥自我潜能实现个人理想并非一蹴而就，需要极大的意志力克服外界困难和自身惰性。可一旦成功，实践者就会完全沉醉于事业的喜悦状态中，体验到强烈的自我力量。在大学生面临就业时有多种选择。"自主创业"作为一种新的就业方式正在逐步走进人们的生活，这种就业方式为那些主张"我的事业我做主"的毕业生提供了广阔的发展空间。利用信息需要来认识自己，从而努力实现自我。

需求层次理论的研究告诉我们这样一个原理，首先，人的行为受需求的支配和驱使，需求一旦被意识到就会产生动机，它就会以行为的形式表现出来，需求驱动人的行为朝一定的方向努力，以实现自身的满足。其次，人们一般按照梯级从低级到高级来追求各项需求的满足。

马斯洛的需求层次论让我们更清晰、更有条理地认识了大学生需求的层次，这有利于我们认识自身的独特性并意识到我们真正要做的什么，最需要的又是什么。可以说，用马斯洛的眼睛，我们更清楚地认识了自我，发现了自身的优势，从而利用自身优势不断努力实现自我，最后实现完美的人生。

参考文献

[1] 王琪 . 高校人力资源管理与行政改革研究 [M]. 北京：北京工业大学出版社 .2018.

[2] 马小平 . 高校人力资源管理发展与创新 [M]. 长春：吉林出版集团股份有限公司 .2018.

[3] 董彦霞 . 高校人力资源与行政改革研究 [M]. 北京 / 西安：世界图书出版公司 .2018.

[4] 曹喜平，刘建军 . 高等教育视域下高校人力资源管理研究 [M]. 石家庄：河北人民出版社 .2018.

[5] 唐杰 . 人力资源管理理论在高校学生管理中的应用研究 [M]. 成都：电子科技大学出版社 .2018.

[6] 彭剑锋 . 人力资源管理概论 第 3 版 [M]. 上海：复旦大学出版社 .2018.

[7] 汪昕宇 . 人力资源管理理论创新与实践 [M]. 北京：中央民族大学出版社 .2018.

[8] 卿涛，郭志刚 .21 世纪高等院校人力资源管理精品教材 薪酬管理 第 3 版 [M]. 沈阳：东北财经大学出版社 .2018.

[9] 侯其锋，乔继玉 . 人力资源和社会保障政策法规解读及案例讲解 2018 版 [M]. 北京：国家行政学院出版社 .2018.

[10] 陈丝璐 . 论集体主义导向人力资源管理的作用路径 [M]. 武汉：华中师范大学出版社 .2018.

[11] 刘燕，曹会勇 . 人力资源管理 [M]. 北京：北京理工大学出版社 .2019.

[12] 蒋俊凯，李景刚，张同乐刘姝辰 . 现代高绩效人力资源管理研究 [M]. 北京：中国商务出版社 .2019.

[13] 李青 . 高校师资管理研究 [M]. 天津：天津大学出版社 .2019.

[14] 张睿丽.数字图书馆资源管理与建设 [M].长春：吉林人民出版社.2019.

[15] 周甜甜.高校图书馆管理与读者服务研究 [M].延吉：延边大学出版社.2019.

[16] 于红，李茂银.高校图书馆管理与服务创新研究 [M].长春：吉林人民出版社.2019.

[17] 芶生平.高校公寓管理服务的探索与实践 [M].成都：电子科技大学出版社.2019.

[18] 王振伟.新时期高校图书馆读者服务工作研究 [M].北京：北京理工大学出版社.2019.

[19] 张丰智，李建章."双一流"建设背景下高校图书馆建设与服务 [M].北京：北京邮电大学出版社.2019.

[20] 曾晓娟，阎晓军.高校青年教师心理资本研究 [M].沈阳：东北大学出版社.2019.

[21] 叶云霞.高校人力资源管理与服务研究 [M].长春：吉林大学出版社.2020.

[22] 陈妙娜，吴婷，陈景阳.民办高校人力资源管理发展研究与实践 [M].北京：企业管理出版社.2020.

[23] 杨宗岳，吴明春.人力资源管理必备制度与表格典范 [M].北京：企业管理出版社.2020.

[24] 黄铮.一本书读懂人力资源管理 [M].北京：中国经济出版社.2020.

[25] 王哲强作.迈向一流的高校后勤文化 [M].青岛：中国海洋大学出版社.2020.

[26] 刘贝妮.高校教师过度劳动问题研究 [M].北京：知识产权出版社.2020.

[27] 宫磊.高校图书馆管理与服务创新研究 [M].长春：吉林大学出版社.2020.

[28] 赵继新，魏秀丽，郑强国.人力资源管理 [M].北京：北京交通大学出版社.2020.

[29] 屈义华.阅读政策与图书馆阅读推广 [M].北京：朝华出版社.2020.

[30] 杨华磊 . 延迟退休政策的社会经济效应评估 [M]. 北京：知识产权出版社 .2020.